採用・育成・定着から戦力化まで

実践! うまくいく

外国人雇用

株式会社ジェイタウン代表取締役
YouTube「横山ジンの外国人HRチャンネル」
横山 仁 著

コスモリンク行政書士法人
代表行政書士
西川 清美 監修

同文舘出版

はじめに

　2024年末時点での在住外国人数は**376万人**となっています。これは2023年末の統計と比較をすると**10.5%の増加**となっています。そして、外国人労働者数も230万人となっており（2024年10月末時点）、在住外国人、外国人労働者がこれからも増加していくのは確実です。

　かつては外国人労働者と言えば技能実習生のことを指していました。そして、受け入れる国といえばベトナムが主流でした。そこに、2019年から特定技能制度ができました。そして、永住者、技術・人文知識・国際業務の在留資格を持つ外国人も増えていき、それに伴って、家族滞在の外国人も増加しています。

　2027年からは技能実習制度が廃止をされて**育成就労制度**となります。育成就労制度になると転籍ができるようになり、受入れ事業者にとっては、技能実習のときよりもはるかに煩雑な対応が求められるようになることは、現段階の議論では確実かと思われます。

　つまり、外国人労働者の受入れがこれまでよりも多種多様となっていることが、外国人を受け入れる事業者にとって混乱する要因にもなっています。そして、そうなることによって、さまざまな問題点が多く見受けられるようになりました。

「面接に行ったら、いくら資格外活動許可があるからといっても、就労不可と書いてあるからと門前払いをされた」
「就労している会社でビザの更新をしようとしたら、不許可になった」
「イスラム教徒のインドネシア人です。お祈りをする場所がないから階段でやっています」
「技能実習生として日本に来たのに、日本語ができないからといって働かせてもらえない」

こんな声は、受入れ側がほんの少しの知識さえ持っていたら防げた、あるいは対応ができた話です。これまでは「**雇ってやっている**」「**日本で働けるだけありがたいと思え**」という風潮がありました。しかし、それは日本が外国人にとって魅力のある働き先だと自信を持って言えた時代の話です。そうとも言えなくなってきたのは、円安が進んで日本が次第に外国人にとって魅力のある国ではなくなったからです。

そうなると、今度は手のひらを返したかのように、「**外国人労働者はこれからも日本に来てくれるのか?**」という報道が目につくようになりました。

そこで話されることとしては、円安をどうにかしないといけない。賃金を上げなければいけない、という論調です。しかし、そう簡単には円高にはすることはできないし、賃金を上げられるわけでもないことは皆さんもおわかりの通りです。

それなら、労働者として外国人をどうやって受け入れたらいいのか、国籍はどこならいいのか、受け入れてから後はどうすればいいのかなどを理解して戦略を立てるほうが、外国人を雇用、定着、戦力化していくうえでは、はるかに実践的ではないでしょうか。

私がそう思って始めたのがYouTubeでした。ただ、YouTubeの場合、テーマごとに動画を作成するため、検索しづらいという側面があります。そうであれば、自分が知りたい箇所をすぐに開いて読める、という冊子があれば役に立つのではないか、と思い、まとめたのが本書です。

外国人の雇用が初めての会社でも、すでに雇用している経営者、人事・総務担当の方も、不安や疑問があった際に、すぐに手にとってそれを解消することができるようにまとめています。

9つの章に分け、それぞれの冒頭にEPISODEを入れることで、わかりやすく読み進めることができるようにしました。また、CASEでは、それが普遍的に起こりうる事象かどうかの判断はできませんが、**外国人を受け入れることでの成功と失敗の事例**を数多く取り上げています。

これは、私自身が人材派遣・紹介会社、登録支援機関を経営している者として、今も第一線で外国人労働者と雇用者の間でのトラブルの解決に奔走している立場であるからこそ書ける内容であると自負しています。

　そして、外国人労働者が増えるに従って、外国人の紹介や管理・支援をする事業者の数も増えています。本書は、そういうビジネスをされている方々、そして、これから外国人材のビジネスへの参入を検討されている方に対しても、読んですぐに実践できるような内容となっています。

　本書を手に取ってくださった方々にまずお伝えをしたいのは、**日本人と外国人では仕事に対する意識が大きく違う**ということです。「日本人と同じようにやっておけばいい」では、外国人からはすぐに離職をされてしまいます。
　そして、外国人の定着を考えるうえで最も大事なのは、受け入れた後ではなくて、**受け入れる前**であるということです。採用する段階で誤ってしまうと、そこからいくら受入れ後の環境をよくしていこうと努力しても、多くの労力がかかってくることになります。

　そうならないように、外国人を受け入れようと考えたタイミングから、採用・面接、そして、雇用してから戦力化までをまとめたのがこちらの本となります。
　多くの方が、まずは相手の異文化を理解することにより、外国人が働きやすく住みやすい社会、働きやすい職場が多くなることを心より願っています。

株式会社ジェイタウン 代表取締役　横山 仁

採用・育成・定着から戦力化まで　実践！ うまくいく外国人雇用

CONTENTS

はじめに 2

第1章　外国人雇用の基礎知識

EPISODE ①

もったいない！
まずは資格外活動許可があるかを確認 14

1 外国人を受け入れてきた背景と現状 16

2 外国人を雇用するメリット① 経営 18

3 外国人を雇用するメリット② 採用 20

4 外国人を雇用するデメリット 22

5 外国人は日本に本当に働きに来なくなるのか？ ... 24

6 在留資格の種類 26

7 国籍別受入れ状況の比較 28

8 技能実習での国籍別受入れ状況 30

9 特定技能での国籍別受入れ状況 32

10 技術・人文知識・国際業務での
国籍別受入れ状況 34

11 技能実習と特定技能の違い 36

12 外国人受入れはどこに頼めばいいか？ 38

13 どんな登録支援機関に頼めばいいか？ 40

14 2027年度からスタートする育成就労制度 ……… 42

15 外国人を雇用する際には必ず確認すべき
在留カード ……………………………………… 44

第2章 まず押さえておくべきビザの種類

EPISODE②
技人国で採用したが、ビザの更新ができない ……… 48

1 ビザの種類①
2026年度には終了予定の「技能実習」 ………… 50

2 ビザの種類②
これから確実に増える「特定技能」 …………… 52

3 ビザの種類③
2023年秋から本格始動「特定技能2号」 ……… 56

4 ビザの種類④
本当に高度人材?「技術・人文知識・国際業務
(技人国)」 ……………………………………… 58

5 ビザの種類⑤
日本人と同等?「永住者、定住者、配偶者」 …… 60

6 ビザの種類⑥
これからの日本を担う「留学生」 …………… 62

7 ビザの種類⑦
増加を続けている「家族滞在」 ……………… 64

8 ビザの種類⑧
これまでの在留資格に当てはまらない「特定活動」 66

9	自社で外国人を雇用することは無理なのか？	68
10	在日2世の労働者を雇用できる特定活動	70
11	在留期限に気をつけるビザの更新	72

第3章 採用前に理解しておくべき受入れ国の特徴

EPISODE③

イスラム教徒を紹介された飲食店 ………… 76

1	「外国人」と一括りにしてしまう摩訶不思議さ	80
2	断トツの送り出し人数を誇るベトナム	82
3	「中国からはもう労働者は来ない」は間違い	84
4	永住者も多く活躍しているフィリピン	86
5	圧倒的な留学生数を誇るネパール	88
6	多くの日系人が日本に定住しているブラジル	90
7	イスラム教徒の受入れとなるインドネシア	92
8	内戦、混乱の中にあるミャンマー	94
9	農業人材が多く活躍しているカンボジア	96
10	これから増えていく可能性のある国	98
11	受入れ国を決めるときに考慮すべき宗教の問題	100
12	外国人労働者の国籍は統一するか、バラバラにするか	102
13	国籍別向いている業種の徹底比較	104

第4章 失敗しない「採用」ノウハウ

EPISODE④

面接で聞いておけばよかった……。
後悔しても、もう遅い ………………………………… 108

1	採用するなら国内か、国外か?	112
2	紹介事業者を利用するときに気をつけたいこと	114
3	「日本人と同じでいい」は大きな間違い	116
4	リアル面接とオンライン面接では準備が違う	118
5	通訳の立場を理解する	120
6	採用面接のヒアリングで気をつけること	122
7	採用面接で聞いても意味のないヒアリング	124
8	注意したほうがいい外国人材	126
9	雇用条件のつくり方	128
10	通勤を前提とした社内規定になっていないか?	130
11	雇用条件をしっかり伝えているか?	132
12	勤務する場所について説明しているか?	134
13	定着を優先するか、即戦力を優先するか?	136
14	在留期間の確認とビザの申請	138
15	Facebookアカウントを持とう	140

第5章 日本人とは違う「教育」ノウハウ

EPISODE⑤

日本語ができると聞いていたのに、全然理解できないじゃないか! ………… 144

- ① 会話で伝えたいときの注意点 ………… 146
- ② 文字で伝えたいときの注意点 ………… 148
- ③ 誰が外国人を指導するのか? ………… 150
- ④ そのルールは本当に必要か? ………… 152
- ⑤ とにかく「曖昧さ」をなくそう ………… 154
- ⑥ 外国人が動きやすい指示の出し方 ………… 156
- ⑦ やる気を高めるコミュニケーションのとり方 ………… 158
- ⑧ 外国人に伝わる叱り方 ………… 160
- ⑨ 外国人に伝わる褒め方 ………… 162
- ⑩ 仕事の振り返り方 ………… 164

第6章 ビザによって異なる「定着」ノウハウ

EPISODE⑥

脱退一時金? なんだ、それ? ………… 168

- ① 技能実習生の定着 ………… 170
- ② 特定技能者の定着 ………… 172

3	特定技能2号者の定着	174
4	外国人定着に不可欠な「脱退一時金」の理解	176
5	技術・人文知識・国際業務の定着	178
6	留学生（アルバイト）の定着	180
7	外国人介護人材の定着	182
8	一時帰国の規定をつくろう	184
9	賞与の規定を見直そう	186
10	外国人との食事会で気をつけるべきこと	188

第7章 もっと活躍してもらう 「戦力化」ノウハウ

EPISODE ⑦

管理職に昇格したのに、辞めたい？ 192

1	外国人にもわかりやすい評価をする	196
2	不満をなくす昇給の工夫	198
3	スペシャリストを育てる昇格の仕組み	200
4	無理に戦力化しようとしない	202
5	外国人雇用向けのシステムや機能を活用しよう	204
6	海外にいる家族の扶養控除に対応する	206
7	外国人を戦力化するための助成金	208

第8章 外国人雇用 "あるある" トラブル対策

EPISODE⑧

「このバンパーのへこみ、どうしちゃったの?」 …… 212

1 よくある外国人の居住トラブル …… 214

2 外国人が病気になったら …… 216

3 外国人に多い交通事故と水難事故 …… 218

4 外国人に運転業務を任せるときの注意点 …… 220

5 災害が起こったときの対策をしておこう …… 222

6 外国人の犯罪件数 …… 224

7 ベトナム人の犯罪の特徴 …… 226

8 ベトナム人はギャンブルに注意が必要 …… 228

9 埼玉県川口市のクルド人問題から考えること …… 230

10 イスラム教の土葬問題 …… 232

第9章 これからの外国人材 ビジネスのヒント

EPISODE⑨

登録支援機関業務、
こんなはずじゃなかった…… …… 236

1 今後の外国人材ビジネスの行方 …… 240

2 登録支援機関になるためには …… 242

3	登録支援機関の継続的業務	244
4	初めての登録支援機関、どうすればいい?	246
5	登録支援機関の支援業務の基本	248
6	特定技能、技能実習における費用の相場	250
7	登録支援機関が収益を上げるには	252
8	外国人材を提案する場合の切り返しトーク術	254
9	外国人材はどうやって集めればいいのか?	256
10	特定技能2号になるための支援は必要か?	258
11	誇りを持ってできる外国人材の仕事	260

おわりに ……………………………………………… 262

カバー・本文デザイン、DTP　三枝未央

第 **1** 章

外国人雇用の
基礎知識

EPISODE ① もったいない！まずは資格外活動許可があるかを確認

　山本はコンビニのオーナーである。
　求人募集を出してもなかなか応募がない中で、ネパール人の男性から応募があった(※1)。山本のお店では、これまでは外国人は雇ったことがなかったが、最近はどこのコンビニでも外国人を雇っている。応募時の電話でも、日本語に関しては理解できているようだったので、山本は一度面接をしてみることにした。

　面接に来たのは、スバスという名前のネパール人留学生だった。
「まずは履歴書を見せてください」
　山本は履歴書に目を通した。そこにはアサヒ日本語学校と書かれていた。
「日本語学校に通っているんですね。今回はどうしてうちで働こうと思ったんですか？」
「4月から専門学校に通うので、夜に多く働けるアルバイト先を探していました」
　夜の時間帯にシフトに入ってもらえる、アルバイトは大歓迎だ。山本はその言葉に満足そうに頷いた。ただ、そのときにふと思い出した。外国人を雇用する場合は、**必ず在留カードを確認すること**と聞いたことがあった。
「スバスさんは在留カードを持っていますか」
「はい、あります」(※2)
　と言って、スバスが在留カードを山本に手渡した。山本はそこに書かれている内容をじっくり見ると声をあげた。
「この**『就労制限の有無』**というところ、**『就労不可』**と書かれているじゃ

ないですか。これは、仕事ができないということじゃないんですか」

　やはり在留カードを確認してよかった。働けない外国人を雇ったら大変なことになる。

「それは違います。留学生は**資格外活動許可**を持っています」

　スバスは山本の持っている自分の在留カードを裏返して、その下側に押されている許可印を見せた。

　そこには「**原則週28時間以内**」と書かれているが、「**就労可**」とは書かれていない。山本は在留カードを返しながら言った。

「わかりました。その点は確認しますので、今日は履歴書だけ預かっておきます。採用するかどうかはまた連絡をします」

　スバスは不服そうな表情を浮かべたが、それ以上は何も言わなかった。

　スバスが帰ってから、山本は留学生をアルバイトで雇用している知り合いに確認をした。すると、スバスが話していた通り、留学生の場合は資格外活動許可の印が押されていれば、**週28時間**までのアルバイトならできるという(※3)。

　それなら、日本語も堪能だったし、採用しても大丈夫だろう。山本は履歴書に書かれている携帯電話の番号に連絡をした。

　しかし、何度かけても、その電話番号はつながらなかった。在留カードを見せてもらった時点で、基礎知識くらいは持っておけばよかったと後で後悔しても、もう遅い。

※1：留学生の中でのネパール人の割合が非常に増えています。

※2：日本に滞在する外国人は在留カードを必ず携行しなければならないことになっています。身分を確認する際は、必ず在留カードの提示を求めてください。

※3：資格外活動許可は週28時間と定められていますが、留学生は夏休みや冬休みなど、長期休暇中は週40時間までのアルバイトが許可されます。

15

外国人を受け入れてきた背景と現状

　戦前から戦中は、朝鮮半島、中国、台湾などから労働者として連れてこられた方々が多くいました。戦後には、ほとんどが帰国するか、日本に帰化をしましたが、まだ多くの韓国人が**特別永住者**とされるビザで日本に暮らしています。

　高度経済成長期を経て、1980年以降、日本はバブル経済で人手が足らなくなり、政府はオーバーステイでも働ける外国人を多く受け入れていました。国籍でいえばイラン人やトルコ人などが多く、現在でもトルコ人は多く日本に在住しています。一時期はオーバーステイでの外国人の総数が**30万人**を超えていたといわれています。

　そのオーバーステイの外国人政策を見直すべく、90年より「**日系人ビザ**」を導入しました。これは、外国人でも日本人を祖先に持つ人であれば定住して働くことを許可するというものです。この入管法の改正により、多くの日系ブラジル人、日系フィリピン人が来日して仕事ができるようになりました。

　1993年には**技能実習制度**がスタートしました。研修制度という形で存在したものを使って新設したという流れです。昔から技能実習生を受け入れていた企業、団体などが技能実習生を**研修生**と呼ぶのも、その名残です。

　2017年からは実習期間の延長など制度の拡充を図る目的で、それまでは最長3年だった技能実習期間に技能実習3号を設け、2年間の延長ができるようにし、実習期間が**最長5年**に伸びました。

　2019年、新たな在留資格である**特定技能制度**での受入れが開始されました。そして、2027年より技能実習制度が廃止され、**育成就労制度**となります。育成就労制度は特定技能になるための育成期間とも捉えられることもあり、**特定技能0号**とも呼ばれています。

　今後は外国人労働者の受入れが**特定技能を軸**に進められていくことになります。

日本の在留外国人の総数は2024年末時点で376万8977人となっています。2014年は212万1831人だったので、この10年間で160万人以上の外国人が増加したことになります。

　ちなみに、コロナ前である2019年には293万3137人でしたが、2020年、2021年と入国が困難であることにより増加はしなかったので、コロナがなければ、さらに増えていたことが想定されます。

　実際に2022年末の307万5213人からは2年間で**70万人**増加しているので、在留外国人の増加傾向は今後さらに強まってきます。

☑ 日本は在留外国人（移民）が多い国なのか？

　移民数に関しては、アメリカが1位ですが、アメリカはそもそも移民国家なので多いのは当然です。2位がドイツの1576万人で、移民比率は18.8%となっています。18.8%を日本の人口に換算してみると2350万人の移民がいることになりますので、その人数の多さがわかると思います。3位がサウジアラビアで1345万人。移民比率は38.65%となっています。中東の多くの国は移民比率が軒並み高くなっています。

　それに対して、日本は1億2400万人の人口に対して358万人なので2.8%程度となっています。G8比較でいえば日本の次に移民比率が低いイタリアでも10%を超えているので、先進国の中で、日本は突出して在留外国人（移民）数の比率が低い国となっています。

第1章　外国人雇用の基礎知識

2 外国人を雇用するメリット①
経営

　外国人を受け入れることで、どんなメリットがあるのでしょうか。経営の視点から見ていきます。

・**新たなマーケットが見えてくる**

　外国人を雇用するメリットのひとつに、新たなマーケットが見え、新たな可能性にチャレンジできるということがあります。例えば、雇用しているベトナム人を責任者にして、ベトナムへ進出するといったことはよくあるケースです。

　その場合に注意しなければならないのは、責任者の外国人にすべてを任せてはいけないということです。働いていた外国人は経営を学んだわけではありません。さらに怖いのが、地縁血縁で会社が食い潰されてしまうケースもあるということです。これは実際によく聞く話なので、海外に進出する際には、必ず日本人の現地責任者を置くようにするなど、経営を日本からコントロールできる状態をつくることが大事です。

CASE　ベトナム人技能実習生を雇用して、新たにベトナムに新工場を設立

　ベトナム人の技能実習生を多く雇用している設備会社。せっかく身につけた技術をベトナムに帰ってから活かせないのはもったいないと、ベトナムに工場を設立しました。それがうまく稼働したので、今度はミャンマー人の技能実習生を雇用して、ミャンマーにも新工場を設立。しかし、こちらは現地が内戦状態となってしまい、稼働休止となってしまいました。

CASE　ネパール人の留学生アルバイトが多くなり、新たなメニューを考案

多くのネパール人留学生を雇用している居酒屋。そこで、ネパール料理をメニューに加えるのはどうかと思い、ネパール料理のメニューをネパール人アルバイトと一緒に考案。そのメニューを目当てに日本人客だけでなく、ネパール人のお客様にも来てもらえるようになりました。

・これからの成長分野に参入ができる

今後、日本の基幹産業となっていくのは、間違いなく**観光業**です。2024年1月から9月までの訪日外国人による消費額は**5兆8582億円**となり、2023年の1年間の消費額の5兆3065億円をすでに上回っています。政府は2030年の訪日外国人旅行者6000万人、消費額**15兆円**を目指すとしています。

その下支えをしてくれる人材こそが外国人労働者です。インバウンド対応として外国人にそのサービスを担ってもらう、ということが一番の目的としてありますが、在住する外国人が増えれば、その地に観光客が多く集まるようにもなります。インバウンド需要を加速させることが日本の経済成長につながります。

CASE　SNSでベトナムからの観光客を誘致

ベトナム人を雇用したホテル業。SNSを通して、地域の魅力やホテルの情報をベトナム語で発信してもらうことで、新たにベトナム人観光客の誘致に成功しました。インドネシア、フィリピン、ベトナムなどは訪日外客数が伸びている国です。そういう長期的な視野で雇用をすることで、新たなマーケットを広げることができます。

また、インバウンド客へのサービス向上のために、英語のできるネパール人を雇用した成功事例もあります。ネパール、または南アジア圏の国々は、イギリスの統治が長かったこともあり、英語が堪能な人が多くいます。今後、インバウンド対応のできる人材として期待ができる地域です。

3 外国人を雇用するメリット②
採用

外国人を雇用するうえで、社内にとって、どんな影響があるのでしょうか。人材育成や職場環境の視点でのメリットを見ていきましょう。

・採用戦略がうまくいく

　外国人の雇用は日本人の雇用とは少し違った面が見えてきます。

　外国人は日本人と違って、**自分の知り合いに職場を紹介するケースが非常に多い**という特徴があります。すでに外国人労働者がいる会社の場合、人が足りなくなったときには、高いお金をかけて求人募集するよりも、まずは勤務している外国人に聞いてみると、意外とすぐに採用できることがあります。

 外国人留学生を雇用したら、紹介で次々と採用できように

> 留学生が多く勤務をしている代表格がコンビニです。コンビニがどうやって留学生を集めているかというと、求人募集をかけているケースはそこまで多くはなく、ほとんどが現在働いている留学生からの紹介です。

　なお、一度辞めた人材が戻ってくるというのも、外国人雇用の特徴です。日本人よりも退職のハードルが低く、辞めた会社に出戻る抵抗感も低いようです。

　紹介や復職などを意識しながら採用を進めていくことによって、採用コストを下げることができます。

・職場環境に左右されにくい

　外国人材を受け入れている企業は、「どうしても日本人が採用できないので、外国人を雇用する」という消極的な動機であることが少なくありません。

日本人が採用できない理由としては、職場環境がよくない、職場の風通しが悪いといったケースが多いようです。

その点でいうと、**外国人は空気を読むということはほとんどしません**。社内の雰囲気などについて、日本人ほどは気にしないということです。

例えば、1人退職者が出ると、退職者が次々と出てくる……というのは、よく聞く話です。経営者としては、次は誰が辞めると言い出すか、社員は何を考えているのかと疑心暗鬼になってしまい、その対応に神経質にならざるを得ません。一方で、社内が悪い雰囲気になっても、外国人労働者は全く意に介さず仕事をしてくれることが、経営者の安心材料となることもあります。

また、最近の日本人労働者の問題として、出社日に来ない、または数日程度働いたあと、突然連絡が取れなくなるといったことがよく挙げられます。しかし、就労系の資格を取得している外国人労働者の場合は、在留資格の申請があるため、そこまで心配することはありません。

外国人を入れることで、無気力日本人社員が変わった

ネパール人の特定技能者を雇用した介護施設。そのスタッフが入ったことで、それまで戦力にならなかった日本人スタッフのやる気が出てきたそうです。実は、こうしたケースはよく聞く話です。

これまでは自分が一番仕事ができないと自信がなかった人でも、日本語が話せるというだけで、外国人よりは仕事ができると優位性を感じ、気持ちに変化が出てくるようです。

こうした外国人雇用による日本人労働者のモチベーションアップは、飲食店など他のサービス業でも見受けられます。外国人雇用が与える好影響のひとつです。

4 外国人を雇用するデメリット

　初めて外国人を雇用するうえで、気をつけなければいけないポイントは、愛情を持って接することです。

　「愛情を持たずに」の間違いじゃないの？　と思われた方も多いと思いますが、正確にいうと、**過度な期待**を持って接してしまうことです。

　特に初めて外国人を受け入れる企業は気持ちが高揚して、「こんなことをしてあげよう」「こんな準備をしておこう」と思ってしまいがちです。確かに気持ちはわかるのですが、そうした思いが「してあげてやった」という押しつけになるようなら、やめたほうがいいでしょう。

　「愛情をかけてやった」という思いが、「裏切られた」と感じた瞬間に、かわいさ余って憎さ百倍という感情に変わってしまいます。そして、手のひらを返したように実習生を奴隷のように扱い出す経営者を、これまで幾度となく見てきました。

　また、これはメディアの影響もあると思いますが、「外国から働きに来る子は純粋無垢な子ばかり」という思い込みも取り払いましょう。外国人は日本へお金を稼ぎに来ています。外国人労働者も、最初こそ目を輝かせて希望に満ち溢れているかもしれませんが、日本で暮らしていく中で、シビアに物事を判断するのは当たり前のことです。そこに義理人情や浪花節は必要ないのです。

　とはいっても、初めて日本で働く外国人の場合、サポートしなければいけないことは数多くあります。ここまではお世話をする、わからないことは聞くように促す、サポートしてほしいことがあれば伝えるように声をかけるなど、**コミュニケーションをとる中で、最適なやり方を探していく**形がベストです。くれぐれも、自分本位の押しつけをしないように心がけてください。

CASE 外国人労働者にばかり便宜を図っていると、日本人の不満に

外国人労働者を多く抱えている会社の場合、働き方や長期休暇など、外国人が働きやすいようにと対応をしてきた結果、日本人労働者から「外国人ばかり優遇されている」という不満が出てきて、退職につながってしまった……というケースがあります。

ただ、外国人と日本人は置かれている立場が違うので、会社側がその点を留意することも大事です。就業規則の見直しをして、日本人と外国人がともに働きやすい環境整備をしていきましょう。

外国人を雇用するときに、現場とのコンセンサスを得ずに採用をしてしまうと、そこで意識の食い違いが起きることがあります。経営者としては、日本人を採用できないのだから、外国人を雇用するのは当たり前で仕方がないと思っていても、現場がそうは理解していないことがあります。

また、何の前触れもなく、いきなり外国人の面倒をみるようにと言われてしまうと、動揺からその外国人につらく当たることも出てきます。

なぜ外国人を雇用するのか、今後はどうしていくつもりなのかを経営者がきちんと示し、社内で共有することが大事です。

CASE 社長が外国人ばかり採用するのに納得していない管理職

経営者が外国人スタッフの雇用に積極的なのに対して、現場の責任者がついていけない、あるいは反発をするケースがあります。その結果として、外国人スタッフが辞めてしまえば、せっかく外国人雇用に踏み切ったことが裏目に出てしまいます。外国人受入れを現場と共有をすること、そして、指導や管理を現場任せにしないことが大切です。

5 外国人は日本に本当に働きに来なくなるのか？

　世界的に見て、日本は賃金が上がっていないとよくいわれます。さらに、最近の**円安**によって、日本に働きに来るメリットがなくなっています。

　確かに、それは事実です。それでは、今後、外国人は日本に働きに来なくなってしまい、ますます人材不足の問題が深刻化するのでしょうか？

　海外から日本に働きに来る人にとって、本当にメリットがなくなっているのかを、国の経済状況を示す名目GDP（国内総生産）で比較してみましょう。

　ここでは、2023年の1人あたりのGDPで見ていきます。

　まず、日本は**3万3899ドル**で**34位**です。この順位で見ると、確かに日本は落ち込んでしまっているといえます。

　それなら、もう日本には働きに来ないといわれている中国はどうなのかでいえば、**1万2597ドル（73位）**です。中国は1人あたりGDPに関しては、かなり差があるという状況です。

　中国に続いて労働者が来なくなるといわれている**ベトナム**はどうかというと**4234ドル（124位）**です。日本とはまだまだ8倍近い差があることがわかります。

　他の労働者の送り出し国で見れば、**インドネシア4920ドル、フィリピン3906ドル、ネパール1316ドル、ミャンマー1190ドル**となっており、やはり日本との差は歴然です。

　次に、出稼ぎに行く国として日本は選ばれなくなるのでしょうか？　世界的な状況を見ていきましょう。

　世界の移民にとって**ドイツ**は人気が高い国です。ただ、ドイツは受け入れるハードルが高く、かつ日本に働きに来ている東南アジアからは遠いことから、アジアからはそんなに多くの労働者を受け入れてはいません。

　韓国は日本よりも賃金が高くなったということで、特にベトナムでは人気

ですが、受け入れる業種が限定され、かつ競争率も激しいということがあります。そのため、誰でも行ける、職種も選べるという点で、日本が選ばれています。

実際に日本語能力試験を受験するアジア人は2013年の約65万人に対し、**2023年は約148万人**と、10年間で倍増しています。ベトナム、インドネシア、ミャンマーなどからの受験が多く、フィリピンやネパール、スリランカなど、日常的に英語が使える国でも受験者数は増えています。それは、英語が使えるから欧米に働きに行くということでは決してないことを示しています。

生活をするうえにおいても、日本は**先進国の中では物価が安く**、お金が貯まりやすいというメリットもあります。

国外へ働きに出る場合はもちろんのこと、自国の発展した都市で働くのと比較しても、日本のほうがお金が貯まりやすいので、労働に行く先という観点ではまだまだ魅力がある国といえるでしょう

CASE 平均給与が急上昇したベトナムでも生活できない

ベトナムの平均給与は月額4万円程度、首都のハノイでも月額6万円といわれています。ベトナムはここ最近で最も平均給与が上がった国であり、日本に働きに来るベトナム人は減少するのではないかという声も聞こえます。しかし、ハノイに住もうと思えば、家賃が2万〜3万円程度はかかります。そして、物価が日本に比べて格段に安いかといえば、そこまで安くはありません。つまり、6万円という平均よりも高い給料をもらっていても、生活ができないのが現状なのです。

これは、ベトナムの他の大都市ホーチミンや、インドネシアの首都ジャカルタでも同様のことがいえます。自国の発展した都市で働くよりも、日本で働いたほうがお金は貯まりやすい傾向があります。

6 在留資格の種類

　在留資格とは、日本で合法的に滞在するための資格のことで、外国人が日本で行なうことができる活動等を類型化したものです。在留資格は、法務省（出入国在留管理庁）が外国人に対する上陸審査・許可の際に付与する資格です。

　在留資格は、俗称として「**ビザ**」と呼ばれることがあります。しかし、ビザは、正式には「査証」のことです。日本に入国しようとする外国人の旅券（パスポート）が真正のものであり、日本への入国に有効であるということを外務省・在外公館が確認するものです。また、その外国人の日本への入国（滞在）が適当であることを推薦するものでもあります。そのため、査証は上陸審査を通過すれば、その役割も終わります。

　このように、法律用語としては、在留資格と査証（ビザ）は異なります。

　ただ、就労が可能な在留資格については、俗称「**就労ビザ**」と呼ばれています。また、外国人には「あなたの在留資格は？」と言っても理解してもらえず、「あなたのビザは？」と聞いたほうがわかりやすいようです。

　専門家や役所関係者以外は、「在留資格」のことを、「ビザ」と俗称で呼ぶことが多いため、本書でも「ビザ」と記載している部分については、在留資格の俗称として使用していると捉えてください。

　在留資格の種類は29種類ありますが、大きく分けると**居住資格**と**活動資格**に分かれます。そのうち、雇用における在留資格を次ページの一覧表にまとめました。

　特定技能1号、2号については、在留資格としては同じですが、在留期間が異なるので分けました。技能実習に関しても、在留資格としては同じですが、1号、2号、3号と分けて記載しています。

　留学生、家族滞在に関しては、原則として就労できない在留資格となりま

すが、資格外活動での勤務で多くの外国人が働いているため、雇用される在留資格として一覧に入れてあります（家族滞在は、ここに記載している在留資格の中では技術・人文知識・国際業務、技能、介護、特定技能2号の配偶者およびその子どものための在留資格です）。

主な在留資格一覧

在留資格	身分または地位	活動の範囲	在留期間
永住者	法務大臣が永住を認めた人	就労の制限なし	無期限
定住者	法務大臣が特別な理由を考慮し、一定の在留期間の居住を認めた人	就労の制限なし	更新が必要
日本人の配偶者等	日本人の配偶者・特別養子、日本人の子ども	就労の制限なし	更新が必要
永住者の配偶者等	永住者等の配偶者、永住者等の子ども	就労の制限なし	更新が必要
技術・人文知識・国際業務	専門的な知識を必要とする業務に従事する人 （機械工学等の技術者、通訳、デザイナー、私企業の語学教師、マーケティング業務従事者等）	学歴や実務経験に関連する業務に限られる	3カ月、1年、3年、5年ごとの更新
介護	介護福祉士の資格のある人が取得できる在留資格	介護、または介護の指導に従事する活動	3カ月、1年、3年、5年ごとの更新
技能	調理師、スポーツ指導者など熟練した技能を要する人 （外国料理の調理師、スポーツ指導者、航空機の操縦者、貴金属等の加工職人等）	その技能に適合する活動	3カ月、1年、3年、5年ごとの更新
特定技能1号	特定産業分野で相当の知識・経験を持って活動ができる在留資格	その定められた分野に限定をされる	最長5年
特定技能2号	特定技能者の中でも熟練した業務に従事する人	その定められた分野に限定をされる	6カ月、1年、3年ごとの更新
技能実習1号	実習によって技術を習得するための活動をする在留資格	原則制限なし	1年を超えない範囲
技能実習2号	90職種、166作業限定で技術を習得するための活動をする在留資格	技術を習得する業務のみに限られる	2年を超えない範囲
技能実習3号	技能実習2号の終了後に取得できる在留資格	技術を習得する業務のみに限られる	2年
留学	教育機関で教育を受けることを目的としている人 （大学、短期大学、高等専門学校、高等学校、中学校・小学校等の学生・生徒）	週28時間までの資格外活動許可	法務大臣が個々に指定する期間（4年3月を超えない範囲で更新）
家族滞在	一部の在留資格を持って在留する人の扶養を受ける配偶者・子ども	週28時間までの資格外活動許可	法務大臣が個々に指定する期間（5年を超えない範囲で更新）

第1章 ● 外国人雇用の基礎知識

国籍別受入れ状況の比較

ここで、実際にどんな国からどのくらい、日本に働きに来ているのかを見てみましょう。

2025年3月14日に、出入国在留管理庁から在留外国人数が発表されました。在留外国人の総数は376万8977人となっており、前年末の341万992人に比べて**35万7985人増加**しています。

在留外国人数（令和6年）

順位	国籍	人数	増減率（前年比）
1位	中国	87万3286人	6.3%
2位	ベトナム	63万4361人	12.3%
3位	韓国	40万9238人	-0.2%
4位	フィリピン	34万1518人	6.0%
5位	ネパール	23万3043人	32.2%
6位	ブラジル	21万1907人	0.0%
7位	インドネシア	19万9824人	34.0%
8位	ミャンマー	13万4574人	55.5%
9位	台湾	7万147人	8.5%
10位	アメリカ	6万6111人	4.3%
11位	タイ	6万5398人	5.9%

※参照：出入国在留管理庁「令和6年末現在における在留外国人数について」
https://www.moj.go.jp/isa/publications/press/13_00052.html

3位の韓国を除いては、軒並み増加という傾向になっています。特筆すべき点としては、ネパールがブラジルを抜いて5位に上がったことです。ネパールは留学生が8万5431人とその数を伸ばしています。

ここからは、国籍別で見るとどのような傾向があるのかを、順位ごとに説明していきます。

　1位の中国は留学生数が14万1496人と1位で、技術・人文知識・国際業務など就労資格の在留者数も増加しています。

　2位のベトナムは、技能実習、特定技能ビザではもちろんのこと、技術・人文知識・国際業務のビザでもベトナムは中国を上回って1位となっています。

　4位のフィリピン、6位のブラジルに関しては、永住者の数が多いことが特徴です。ブラジルは日系人の割合が高く、その意味では今後減少していくことが予想されます。フィリピンに関しては、日本人との配偶者ビザが2万6300人と突出して多いのも特徴です。

　7位、8位のインドネシア、ミャンマーは技能実習、特定技能という就労系の在留資格において大きく伸ばしています。

　12位以下では、スリランカ、インド、ペルー、バングラデシュ、パキスタンという順位になっています。ペルーを除いては、南アジアの国が続いています。今後、在留外国人数として、南アジア圏全体の人数が増えていくのは間違いないと思われます。

8 技能実習での国籍別受入れ状況

　技能実習での受入れは、中国からベトナムへと移り変わってきた経緯があります。ただ、コロナ禍前の2018年頃から、ベトナム人の技能実習生の質が落ちたといわれるようになりました。代わりに注目をされたのが、**ミャンマー**です。

　ミャンマーはアジア最後のフロンティアと呼ばれ、2019年には監理団体、受入れ企業のミャンマー詣でが最高潮に達します。ところが、その空気が一変したのが、2021年2月に起きた軍事クーデターでした。

　それ以降に、ネクストベトナムとして注目されたのが**インドネシア**です。インドネシアはイスラム教徒の方が多く、日本企業側に警戒感があったのですが、人口の多さと親日の国であること、そして、受け入れた企業から、イスラム教を受け入れてもそれほど弊害がないという風聞が伝わるにつれ、インドネシアからの受入れが急増していきました。

　近年は、一時はクーデターにより減少していたミャンマーからの受入れも回復基調を見せ始め、増加率でいけば、インドネシア、ミャンマーの2国が伸びている状況になっています。

　現在、統計値として出ている令和3年から令和5年までの技能実習生の国別受入れの推移は次ページ図のようになっています。

　今後、技能実習制度は**育成就労制度**に変わります（2027年施行予定）。これからの予測でいえば、ベトナムが構成比を下げていきながらも1位の座は守り、インドネシアやミャンマーが構成比率を上げていくという流れになるものと推定されます。

　ただし、ミャンマーに関しては、国内情勢によって、その傾向は変わってくるので、注意する必要があります。

国籍別・技能実習生の数

令和3年度

国籍・地域	合計	構成比
ベトナム	90,753	53.0%
中国	22,879	13.3%
インドネシア	21,651	12.6%
フィリピン	12,785	7.5%
ミャンマー	7,979	4.7%
タイ	5,254	3.1%
カンボジア	6,505	3.8%
モンゴル	1,330	0.8%
その他	2,251	1.3%
合計	171,387	100.0%

令和4年度

国籍・地域	合計	構成比
ベトナム	124,509	50.6%
中国	18,346	7.4%
インドネシア	42,836	17.4%
フィリピン	22,205	9.0%
ミャンマー	14,927	6.1%
タイ	6,801	2.8%
カンボジア	9,760	4.0%
モンゴル	2,004	0.8%
その他	4,872	2.0%
合計	246,260	100.0%

令和5年度

国籍・地域	合計	構成比	国籍・地域	合計	構成比
ベトナム	162,010	46.3%	カンボジア	11,719	3.3%
インドネシア	74,879	21.4%	タイ	9,686	2.8%
ミャンマー	28,755	8.2%	ネパール	2,456	0.7%
フィリピン	28,627	8.2%	その他	8,670	2.5%
中国	23,224	6.6%	合計	350,026	100.0%

※参照：認可法人 外国人技能実習機構「外国人技能実習機構業務統計」
https://www.otit.go.jp/research_toukei/

　そこに、南アジアのインド、パキスタン、バングラデシュ、スリランカなどがどのように受入れ数を増やしていくかも注目されます。

　ただし、この5年間は、送り出しのメインが東南アジアであることは変わらないと思われます。

CASE ベトナムからは、技能実習生がもう来ない？

　最近、「日本は、ベトナム人から人気がなくなっている」といった報道などを見た方から、「今後、ベトナムから技能実習生が来ないのですか？」と聞かれることがあります。それでは、実際の数値がどうなっているかというと、ベトナムからの技能実習生の人数は2022年末の17万6346人から、2023年末は20万3184人と2万6838人増加しています。最も増加率の高いインドネシアが2万8468人増なので、ほぼ同数と見ることができます。ベトナムは、製造業においてはまだまだ圧倒的な人数を送り出しており、その人数的な優位性が変わることはありません。

9 特定技能での国籍別受入れ状況

　特定技能は、制度開始1年目の2019年3月末時点では3987名の特定技能者数でした。そこから2020年はコロナ禍となり、渡航許可がおりるようになるまでは、日本に滞在している技能実習生や留学生が特定技能に申請をしている程度の状況で、特定技能者人数はそこまで伸びませんでした。

　特定技能者数が明らかに増えてきたのは2022年以降で、2023年末は20万8462人と前年比で59.2%増となっています。

　特定技能者は技能実習からの移行が多いことから、技能実習修了者の最も多い**ベトナム**が開始以降、ずっと半数以上の割合を占めています。

　ただ、ベトナムに関しては、令和5年6月末に56.3%あった割合が令和6年6月末時点では50.4%と少しずつ減ってきています。

　その一番の理由としては、**ベトナム本国において特定技能の試験があまり行なわれていない**ことが挙げられます。今後もそうした状況が続くと、ベトナムの割合は減り続ける可能性が高いでしょう。とはいえ、増加率こそ緩やかになってきてはいますが、増加人数だけで見れば、ベトナムはこれからも継続して伸びていくと思われます。

　次に特定技能者が多いのは**インドネシア**で、2023年末は、3万4255人となっています。インドネシアは技能実習からの移行だけでなく、特定技能の試験も国内で積極的に行なっており、新しく特定技能者として日本に来ている割合も多い国です。

　特に介護においては、インドネシアの特定技能者は確実に増えています。

　次に特定技能者が多いのは、**フィリピン**で2万1367人となっています。フィリピンに関しても、技能実習からの移行が多くなっています。

国籍・地域別特定技能在留外国人数の推移

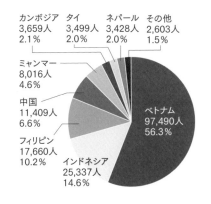

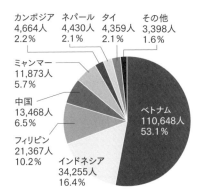

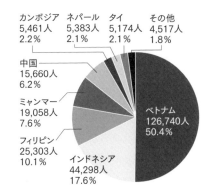

※参照：出入国在留管理庁「特定技能制度運用状況」
https://www.moj.go.jp/isa/applications/ssw/nyuukokukanri07_00215.html

　その意味では、**中国**でも1万3468人の特定技能者がいるので、当分の間は、技能実習の人数が多かった国がその数を増やしていくものと想定されます。

　他の国で1万人を超えている国で見れば、**ミャンマー**は1万1873人の特定技能者数がいます。ミャンマーはこれまでの国と違い、新規で特定技能者として入国している数が多い国です。

　それに続く国としては、カンボジアが4664人、ネパールが4430人、タイが4359人となっています。

10 技術・人文知識・国際業務での国籍別受入れ状況

技術・人文知識・国際業務（技人国）のビザで働いている外国人の総数は2023年末時点で36万2346人となっています。

国別に見ると、以下のようになっています。

技術・人文知識・国際業務ビザの外国人数（2023年末）

1位	ベトナム	9万3391人
2位	中国	9万2141人
3位	ネパール	3万2862人
4位	韓国	2万4125人
5位	台湾	1万3832人
6位	スリランカ	1万2223人
7位	ミャンマー	1万511人

※参照：出入国在留管理庁「令和5年末現在における在留外国人数について」
https://www.moj.go.jp/isa/publications/press/13_00040.html

技能実習、特定技能といった同じ就労系の在留資格と大きく違う点としては、中国、韓国、台湾といった東アジアの国籍の外国人が多いことです。

この傾向は、これからもしばらく続くでしょう。理由としては、東南アジアからの人材とは違い、東アジアからの人材は**給料が一番の目的ではない場合が多い**ためです。日本が好きという方や、日本の生活や景観に憧れて来日する方が多く、日本では賃金が上がっていないとか、円安とか、そういう給与に直結する点が、日本に来なくなる絶対的な要素ではないのです。

母国での大卒者の就職難ということも要因としてあります。中国、韓国ともに新卒者の就職率は低い状態が続いています。

CASE　どうして、この仕事でベトナム人が働けているのか？

　建築現場や製造業の現場では、技人国のビザで働いているベトナム人が多くいます。設計業務や機械操作という分野で、大学で履修した科目と適合している場合は、問題なく勤務することができます。しかし、実際は現場仕事しかないのに、技人国で申請しているケースがよく見受けられ、**「なんちゃって技人国」**と呼ばれて問題になっています。

　飲食業界でも、同様のケースが見られます。アルバイトや特定技能者の管理業務や、メニュー開発業務などで申請しながら、実際は現場でのホール、キッチン業務に従事している外国人が少なくないようです。

　こうした状況を受け、2019年に特定技能制度ができたことによって、サービス業で勤務する外国人の技人国のビザの取得は厳しくなっています。不法就労助長罪に問われるケースも出ていますので、注意して対応しなければいけません。

CASE　母国では月給16万円でも暮らしていけなかった

　就職先を求めて日本に留学してきたという台湾人。台湾では税関で勤務をしていました。月給は16万円と相場よりも高い給料でしたが、台北市で1人暮らしをする場合、ワンルームマンションで家賃が10万円かかります。そうなると、残りのお金ではとても生活はできないと、日本に働きに行くことを決意したとのことです。

　東アジアの国は、給与は上がっていますが、物価も上がっているので、生活という面で日本を目指す人が多いと考えられます。

11 技能実習と特定技能の違い

　自社では技能実習で受け入れるほうがいいのか、特定技能で受け入れたほうがいいのか、その違いについて質問をいただくことがあります。

　技能実習制度は、技能移転を本分とするために、受入れが職種によって決まります。**技能実習移行職種**に入っていなければ、3年間の技能実習生を受け入れることができないので、その該当職種であるかどうかの確認をする必要があります。

　受け入れることのできる移行対象職種は**公益財団法人国際人材協力機構（JITCO）**のホームページ[※1]で確認することができます。

　特定技能は、業種によって受入れができるかどうかが判断されます。ただし、その業種に該当しているからといって受入れができるとも限りません。

　例えば、経済産業省管轄の製造業の場合、完成品が日本産業分類に掲げる産業のうちのいずれかに該当している必要があります。自社で製造している製品が該当するかどうかは、経済産業省の**製造業特定技能外国人材受入れ協議・連絡会**のホームページ[※2]から確認することができます。

　しかし、一覧を見てもわかりづらい場合が多いので、運営事務局にメールで問い合わせをするとよいでしょう。

　技能実習と特定技能、ともに受け入れることができると判断できた場合、どちらを選んだほうがいいかというと、①**日本語の理解**、②**経験の有無**、③**転職のリスク**が選択のポイントです。

※1 公益財団法人 国際人材協力機構「技能実習制度の職種・作業について」
　　https://www.jitco.or.jp/ja/regulation/occupation.html
※2 製造業特定技能外国人材受入れ協議・連絡会（協議会）
　　https://www.meti.go.jp/policy/mono_info_service/gaikokujinzai/kyogi-renrakukai-nyukai.html

技能実習生は全くの未経験で、日本語もほぼ話せない外国人を海外から連れてくることになります。その教育や指導などには時間がかかりますが、転籍が基本的にはできないので、技能実習期間（3年間）は戦力として期待できます。

　特定技能は、N4以上の日本語能力が求められるので、最低限、日本語での意思の疎通はできるのがポイントです。技能実習からの移行であれば、経験者を採用することもできます。ただ、特定技能者は**転職が可能**です。

　また、外国人労働者が勤務するのが**都会なのか、地方なのか**も、技能実習と特定技能を選択する際の検討材料となります。地方の場合は、都会の会社や条件のよい会社に転職される可能性が高いので、転籍できない技能実習生を選ぶとよいでしょう。

　これらの点を理解しながら、技能実習と特定技能、どちらが自社にとっていいのかを検討してみてください。

 勤務している技能実習生を特定技能者にしたいが、特定技能の受入れ産業業種に入っていないと言われてしまった……

　管轄の省庁により、受入れの制度が違うのが特定技能制度の特徴です。特に一般社団法人建設技能人材機構（JAC）への加入が義務付けられている国土交通省管轄の建設業、日本標準産業分類で決められた製品を製造していることが条件の経済産業省管轄の製造業は、特定技能者を受け入れる前に確認すべき事項が非常に多いので注意が必要です。それに対して、農水省管轄の飲食料品製造業、外食業、農業などは受入れがしやすい業種となっています。

 2027年には技能実習が育成就労制度に変わるので、今のうちに技能実習生を上限いっぱいまで受け入れている

　2027年に育成就労制度（詳しくは本章13項）になると、育成就労者は転籍できるようになります。受入れの費用も高くなる可能性がありますので、そうなる前に、技能実習で受け入れられる上限まで雇用しているケースが多く見受けられます。

12 外国人受入れはどこに頼めばいいか？

　技能実習と特定技能では、対応する事業者が異なりますので、注意が必要です。

　技能実習生については、**監理団体**が受入れの対応をします。

　特定技能については、**登録支援機関**の許可を持っている団体・事業者が受入れの対応をすることができます。

　受入れ企業からよく聞かれるのが「餅は餅屋」という言葉です。「こちらでは何もわからないし、業者に任せていれば大丈夫だろう」と、言われるがままに対応をするケースが多いのです。

　しかし、前項でもお伝えした通り、外国人労働者を受け入れるにあたっては、技能実習生と特定技能、自社においてどちらがいいのか、制度の違いなどを理解したうえで、依頼するようにしましょう。

「外国人の受入れをしている業者を知っているから」と知り合いから紹介されるケースをよく聞きますが、これも自社が技能実習生と特定技能、どちらで雇用したいのかを検討したうえで依頼するようにしましょう。

　それが監理団体であれば技能実習の提案をされますし、登録支援機関であれば特定技能の提案をされます。

　また、監理団体でいえば、ほぼ間違いなく海外からの受入れを提案してきます。技能実習生は海外からの受入れしかできないので当然ですが、特定技能者であれば、国内からの受入れも可能です。早く人材がほしい場合で、他よりもいい条件が提示できるのであれば、**国内で探してもらう**という選択肢もあります。

　国の選定も、依頼先を選択する際の検討材料となります。かつてなら「受け入れるならベトナムから」というのが一般的で、あまり選択肢はありませんでした。しかし、現在は受け入れる国籍は多岐にわたっています。

業者によって、得意としている国や、積極的に受け入れてほしい国がある
ケースも少なくありません。場合によっては、特定の国から利益を受けてい
るケースも依然としてあるのが現状です（以前は横行していたキックバック
や裏金といった違法行為も、完全になくなっているわけではありません）。

　自社にとって、どういう受入れ手段がいいのか、どこの国籍の人材が合っ
ているのか。それが一番わかるのは、当然ながら、受け入れる企業自身です。
本書を読んで、外国人の受入れの具体的なイメージを描いていただき、自社
に合った外国人雇用を実現させてください。

☑ かつては当たり前だった送り出し機関からのキックバック

　技能実習生を受け入れるときに、監理団体や監理団体職員が、送り出し機
関からキックバックを受け取っていた時代が、つい最近までありました。技
能実習生1人につき10万円というのが大体の相場で、海外でお金を受け取
れば足もつきにくいため、監理団体や職員にとっては大きな副収入となって
いました。

　ある監理団体の理事長が脱税2億円で摘発されたという事件もありました
が、それもほとんどが裏金であったと想定されます。5年ほど前から技能実
習機構が摘発に乗り出してからは、ほとんど表には出なくなっていますが、
それでも裏で隠れてやっているケースはまだまだ多いと推測されます。

第1章 ● 外国人雇用の基礎知識

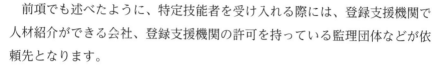

13 どんな登録支援機関に頼めばいいか?

　前項でも述べたように、特定技能者を受け入れる際には、登録支援機関で人材紹介ができる会社、登録支援機関の許可を持っている監理団体などが依頼先となります。

　登録支援機関は、働く外国人をサポート・支援する機関です。2024年の11月段階で**1万87社**あります。

　特定技能者を受け入れるにあたって、どんな登録支援機関に頼めばいいか、というと、2つの大事な要素があります。

①支援実績がどれだけあるか

　実は、支援実績のほとんどない登録支援機関というのが非常に多く存在します。それだと、業務の進め方がわからない。支援する体制も整っていない、相場がわからないといった弊害が出てきてしまいます。

　例えば、外食での特定技能者を受け入れるのであれば、どの国籍が多くて、給与は平均どれくらい支払われているのかなどの相場がわからなければ、特定技能者の受入れを最初からしくじってしまうことになります。

②近くの登録支援機関か

　登録支援機関を選ぶうえで一番大事な要素が、その特定技能者を受け入れる場所に近い登録支援機関を選ぶということです。本社に近いということではないので、注意してください。

　まず、義務的支援で公的支援機関への同行と書かれていますが、遠方の登録支援機関が同行するのは難しく、ほぼ本人任せになってしまいます。

　3カ月に1回の定期面談に関しても、オンラインで対応しているケースや、そもそもやっていないケースがありますが、定期面談は実際に面会することが義務になっていますし、そのように入管からも通達もされています。つま

り、遠方の登録支援機関だと、そもそも法律で定められた義務的支援すら行なえないということになります。

登録支援機関は書類作成部門ではありません。外国人雇用の申請や書類作成さえやってもらえればいいという考え方だと、安ければいい、地域もどこでもいいということになってしまいますが、それではうまくいきません。

登録支援機関は、特定技能者が受入れ企業や日本社会に馴染んでいくための支援をする立場です。義務的支援に書いていなくても、職場で問題を起こしたり、生活しているうえでトラブルがあったりしたときに、頼る先は登録支援機関となります。

何かあれば登録支援機関が駆けつけなければなりませんし、外国人の働きが悪いとなると、その様子を見に行ったり、あるいは悩んでいるときには雇用先と三者で面談をしなければなりません。そういった意味で、その外国人の勤務先から近い登録支援機関を選ぶ必要があるのです。

外国人のサポートをする事業者として、適正な体制が整っている登録支援機関か。まずは、これを確認するようにしましょう。

CASE　名古屋の会社なのに、東京にある登録支援機関に依頼している会社

　特定技能者を受け入れる際に、対応してもらった会社に登録支援機関の依頼をした介護施設。入国時に迎えに行くのも、在留カードの手続きなどもすべて自社でやらないといけないことに。更新日を迎えても、登録支援機関からは手続きの書類が送られてきただけで同行はなく、申請は本人が対応することになりました。1人で申請に行くのは不安だと、その特定技能者からも相談があります。定期面談に来ることもなく、これで支援をしているといえるのかどうか、疑問だということでした。

　遠方だと、何かあったときに対応できないという問題があります。支援ということを考えると、近い登録支援機関に依頼したほうがいいでしょう。

14 2027年度からスタートする育成就労制度

　技能実習制度に変わる新たな制度として、**育成就労制度**が2027年度からスタートになります。これまでの技能実習制度が国際貢献を旗印にしていたのに対し、日本国内の人材育成・人材確保のための制度となります。

　勤務期間は3年となっており、在留資格の技能実習3号は引き継がれないことになります。それ以降の継続の勤務は特定技能に移行をする流れになります。

　受入れ人数に関しては、受入れ見込み数を設定し、それを上限数として運用するという特定技能制度に合わせた形となります。

　転籍に関しては、これまでのやむを得ない場合以外でも**本人の意向による転籍**も認められます。転籍ができる一定の要件としては、同一機関での就労が1年以上、技能検定基礎級合格・日本語検定A1相当以上（日本語能力N5合格等）があります。計画的な人材育成の観点から、転籍は同一業務区分に限られます。

　転籍に携わることができるのは、育成就労者を管理する監理団体、技能実習機構に代わって設立される機構、ハローワークなど公共の機関に限られ、**民間の職業紹介事業者は関与できない**ことになっています。

　送り出し機関および送り出しの在り方としては、2国間取り決めによる送り出し機関の取り締まりを強化、送り出し機関・受入れ機関の透明性を高め、送り出し国間の競争を促進、支払い手数料を抑え、外国人と受入れ機関が適切に分担などの仕組みを導入するとしています。

　しかし、育成就労制度の導入には懸念点もあります。

懸念点① 転籍要件はこのままでいいのか？

　当初は1年とされていた転籍要件が、政府からの要望により**業種によって**

は**2年**となりました。理由としては、このままの制度設計だと多くの育成就労者が地方から都会へと転籍していってしまうという懸念があるためです。

　確かに、このままの制度設計だと、地方の受入れ事業者は、外国人にとって日本に来る踏み台にされる可能性が非常に強いといえます。実際、転職できる特定技能では、まず雇用してもらいやすい地方の受入れ事業者で入国をしてから転職活動をして、その後、採用決定すれば都会に出ていくというケースが出てきています。

　このような問題にどう対策していくのかを考えなければ、地方の労働力不足はより深刻になっていくでしょう。

懸念点② 入国前の費用も受入れ企業が払わないといけない？

　有識者会議の最終提言では当初、「受入れ企業が一定の来日前手数料を負担する」という文言が入っていましたが、現在は「適切に分担する仕組みを導入する」とあります。外国人が来日するための教育費用も受入れ企業が負担をするとなると、その初期費用はこれまでの技能実習生の受入れよりもはるかに高くなってしまう可能性があります。

　そのうえ、育成就労者は3年という縛りもなく転籍が可能です。この仕組みだと、受入れ企業の負担があまりにも重く、その初期費用をいかに抑えるかといった議論がなければ、技能実習制度から新制度になった瞬間に、育成就労制度で外国人を受け入れようとする企業がなくなるということも考えられます。

15 外国人を雇用する際には必ず確認すべき在留カード

在留カードとは、中長期で滞在する外国人に対して交付をされるカードです。日本に在籍している外国人は、在留カードを携帯することが義務付けられています。そして、外国人を雇用する際には、在留カードの確認は必ず行なうようにしてください。

在留カードは必ず**表と裏の両面**をチェックするようにしてください。在留カードの読み取りアプリを使用してチェックすることもできます[※]。

在留カードには、裏面にもとても重要な情報が記載されています。例えば、海外からの呼び寄せで在留資格を手に入れた人で、空港で在留カードが発行されている場合、表面の住居地は**「未定（届出後裏面に記載）」**と表記されています。この居住地は、入国後に住民登録を行なった市区町村役場で裏面（住居地記載欄）に記載されるもので、居住地に変更があるたびに記載を更新する必要があります。運転免許証をイメージしてもらえればわかりやすいかと思います。

また、裏面の下に記入されてある**資格外活動許可**も大事なチェックポイントです。留学生や家族滞在などの在留資格の外国人は、就労制限の有無の欄が**「就労不可」**となっています。ただ、裏面に資格外活動許可欄に記載があれば、**原則週28時間以内**で勤務をすることができます。

そのため、アルバイトの面接に留学生など外国人が応募に来た場合は、この資格外活動許可欄を必ずチェックしましょう。資格外活動許可を取得していない場合は、不法就労助長罪が適用される可能性があります。

※1　出入国在留管理庁「在留カード等読取アプリケーション サポートページ」
https://www.moj.go.jp/isa/applications/procedures/rcc-support.html

在留カードの見方

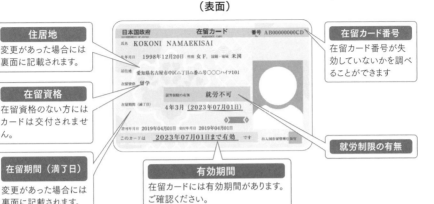

(表面)

- **住居地**: 変更があった場合には裏面に記載されます。
- **在留資格**: 在留資格のない方にはカードは交付されません。
- **在留期間(満了日)**: 変更があった場合には裏面に記載されます。
- **在留カード番号**: 在留カード番号が失効していないかを調べることができます。
- **就労制限の有無**
- **有効期間**: 在留カードには有効期間があります。ご確認ください。

(裏面)

- 在留カードには、裏面にも重要な情報が記載されています。表面だけではなく、裏面も必ずチェックしましょう。
- **資格外許可欄**

☑ 在留カードの保管について

　外国人雇用の面接の際には、在留カードの確認を必ず行ないましょう。そして、表面・裏面のコピーをとっておくようにしてください。面接時ではなくても、採用時に雇用契約書と一緒にもらってもOKです。

　在留カードの控えは必ず保管をしておくようにしてください。時折あるのが、**在留カードの偽造**です。面接時や採用時に、在留カードの表面から光を当て、透かし文字が見えるかどうかを確認すると、偽造カードかどうかを見分けることができます。偽造だと見抜けなかった場合は、採用時にきちんと在留カードを確認していたか、控えを保管しているかが、**不法就労助長罪**(外国人に不法就労させたり、不法就労を斡旋した者を処罰する法律)に問われるかどうかの重要なポイントとなります。

【第 1 章参照】

公益財団法人国際人材協力機構（JITCO）ホームページ
https://www.jitco.or.jp/

出入国在留管理庁ホームページ
https://www.moj.go.jp/isa/

『国家と移民 外国人労働者と日本の未来』鳥居一平、集英社、2020 年

ガイドブック「この一冊で外国人の雇用・定着はお任せ」横山仁、株式会社ジェイ
タウン

第 2 章

まず
押さえておくべき
ビザの種類

EPISODE ②

技人国で採用したが、ビザの更新ができない

　山川は焼肉店を中心とした飲食チェーン店を運営している。
　スリランカ人のアシリを採用したのは、半年前のことだった。アシリは日本の専門学校卒業後、飲食店で勤務(※1)。そして、その飲食店を半年で退職して入社してきたのだ。在留資格があと半年残っていることについては、採用時点で山川も確認していた(※2)。
　アシリは日本語が堪能で、知人からは日本語検定N2を持っていれば、技術・人文知識・国際業務（技人国）で勤務できるという話も聞いていた(※3)。接客対応もよく、マネージャーからの評価も高い。山川としては、いい人材を採用できたことに非常に満足していた。

　アシリの在留期間は1年で、そのビザの更新が近づいてきた。
「ビザの更新をしたいので、会社の書類をもらえますか？」
　どうやって更新するのかを確認すると、アシリは自分で更新できるので大丈夫だという。山川はアシリに用意してくれと頼まれた会社書類を渡した。同じ技人国ビザでの更新なので、手続きだけの問題だと思っていた。

　すると、1カ月後にアシリから電話で連絡があった。
「今日入管に行ってきましたが、ビザが更新できないと言われました」
　アシリのその声はかなりしょげていた。
「どうして！　何か書類が足りなかったの？」
　書類が足りないだけであれば、出し直せばいい。山川はすがるような思いで聞いた。

「いえ、入管からは『あなたはここで働けません』と言われました」

「そんなはずはないでしょ。だって、アシリさん、前にビザもらったのも飲食店で、うちと同じ仕事をしていたんでしょ。それで通らなかったら、前回はどうやってビザを通したの?」（※4）

「そうなんですけど……」

　アシリの様子は全く煮え切らなかった。アシリにはかなりシフトに入ってもらっているので、働けないとなると、人手が足りなくなって店が回らなくなる。

「何か手段ってないのかな?」（※5）

　山川は頭を抱えた。

※1　「特定技能」ができてからは、飲食店での「技人国」のビザの取得は厳しくなっています。本来は現場の業務ができないのが技人国のビザなので、注意するようにしてください。

※2　技人国のビザは、特定技能とは違い、在留期間があれば新たにビザの変更申請をする必要はなく、入管に転職した旨の届け出を提出するだけで働くことができます。ただ、その外国人が自社で働ける種類の在留資格を保有しているかどうかという点に関して、採用時に就労資格証明書を取得しておいたほうが安心でしょう。

※3　サービス業で勤務をする場合は、翻訳、通訳といった日本語を使う仕事としてビザを取得しているケースが多く、その日本語が使えるレベルが、技人国では N2 とされています。

※4　技人国のビザの場合は、単なる手続きの書類だけではなく、自社の仕事と、申請人が大学や専門学校で学んできたことの整合性が問われます。このため、特に転職をしたあとの最初の更新においては、必須書面ではありませんが、その整合性について理由書を提出したほうが望ましいでしょう。その理由書によって、ビザがおりるかどうかが変わってくるので、以前と同じ業種だからおりると思い込むのは大きな間違いです。

※5　ビザが不許可になっても、再申請ができます。ただ、今回のケースにおいて最も失敗した点は、その外国人本人に申請を任せたという点です。技人国の場合は、複雑な制度を理解して対応する必要があるので、専門家である行政書士に依頼して対応してもらうべきです。

1

ビザの種類①
2026年度には終了予定の「技能実習」

　外国人を雇用する際に、絶対に理解しておきたい知識が「ビザ」についてです。本章では、主なビザ（在留資格）の種類（第1章6項を参照）について、それぞれ順番に説明していきます。

　まずは、**技能実習**です。技能実習は、1960年代後半頃から行なわれていた研修制度を原型として、1993年に制度化されたもので、海外への技能移転を目的として作られた制度です。

　2024年9月末時点では、**91職種**、**167作業**が、3年の期間で決められた実習先でのみ勤務が可能となっています。就労制限の定めはなく、残業なども日本人と同等にできます。技能実習3号になれば、いったん帰国してから継続して2年の勤務もできるので、通算5年の勤務が可能です。

　技能実習は、受入れ職種や受入れ人数枠、受入れ方法などが複雑な制度です。企業が単独で現地の人材を受け入れて実習を実施する**企業単独型**と、監理団体が受入れ、その団体の会員企業などで実習を実施する**団体監理型**の2つのパターンがありますが、ほとんどの場合が団体監理型での受入れです。団体監理型の場合は、技能実習を取り扱える非営利の監理団体を通して、技能実習生を受け入れる流れになります。

　技能実習制度は、2027年には廃止となり、**育成就労制度**に移行することが決定しています。育成就労制度では、監理団体の中でも新たに許可を受けた監理支援機関を通しての受入れということになります。

　これまで、外国人労働者の受入れの主軸は技能実習制度でした。しかし、「技能移転のための国際貢献」という本来の目的から大きく外れて、実際には人手不足の対応策となっていたことが国際的な問題となったため、今回の育成就労制度への変更はやむを得なかったといえます。

具体的には、技能実習制度は転籍ができない制度設計になっていたこと、技能実習生として来日するためには多額の借金をしなければならなかったことなどから、国際世論から大きく非難され、今回の技能実習制度の廃止に大きな影響を与えました。

☑ 技能実習生は多額の借金を背負って働きに来ている？

　技能実習生は日本へ来るまでの間に入国前の研修を受けなければならず、その費用を借金して工面しています。送り出し機関が本人から徴収する金額が法定外の額になることも多く、それが大きな問題となっていました。そのため、技能実習から変更となる育成就労制度では、外国人が多額の借金をしなくてもいいように制度の設計がされようとしています。

☑ 国際的な批判に晒されてきた技能実習制度

　2020年、国連人種差別撤廃委員会によって、技能実習生は劣悪な労働条件、虐待で搾取的な慣行、そして債務奴隷型の状況のもとにあると指摘され、「現代の奴隷制度」といわれるまでになりました。さらに2022年、アメリカの国務省による「世界の人身売買に関する年次報告書」において、外国人技能実習制度のもとで強制労働の慣行が続いていることが示されました。
　こうした国際的な批判が、技能実習制度の廃止となった最大の要因であることは間違いありません。

CASE　技能実習生をアルバイトさせていたとして摘発

　在留資格が技能実習、または特定技能の場合、アルバイトは認められていません。しかし、技能実習生を雇用したということで、摘発されるケースが散見されます。アルバイトで雇用する場合は、在留資格が何なのか、在留カードの裏面に**資格外活動許可**の印はあるのかを必ず確認するようにしてください。

2 ビザの種類②
これから確実に増える「特定技能」

特定技能の基礎知識は以下のようになっています。

- **受入れ業種**:12分野（介護、ビルクリーニング、工場製品製造業、建設、造船・船舶用工業、自動車整備、航空、宿泊、農業、漁業、飲食料品製造業、外食業）＋2024年4月より新たに追加された4分野（自動車運送業、鉄道、林業、木材産業）。詳細は54・55ページを参照。
- **期間**:最長5年。特定技能2号（本章3項）になれば、更新が可能です。ただし、在留申請期間は4カ月、6カ月、1年となっており、5年まとめての申請はできないので注意してください。
- **現在の特定技能者数**:25万1594人（2024年6月統計）。2023年末の特定技能者数は20万8462人なので、前年対比で59.2%アップしています。
- **管理体制**:外国人の支援機関として登録支援機関があり、そこに委託するケースが多いです。支援委託費用は1人あたり1カ月2～3万円程度が一般的です。ただ、自社で管理する体制を構築すれば、登録支援機関に委託せずに自社支援にすることも可能です。

CASE ベトナムから特定技能者を受け入れたのに、入社して1カ月で退職すると言われた

特定技能において最も多いトラブルは、転職におけるトラブルです。特に海外から受け入れた場合には、渡航費や住居費などに関しては受入れ企業が負担しているケースが多く、そうなると早期に退職された場合には、受入れ企業が多くの損害を被らなくてはなりません。

特定技能制度は2019年に、人手が不足している業種に限定して、海外からの労働者の受入れを進めていく形でできた制度です。2020年以降のコロ

ナ禍においては、海外からの受入れができずに停滞しましたが、アフターコロナの時代となってからは、順調にその人数を伸ばしています。

2027年に技能実習制度が廃止されて育成就労制度となり、育成就労制度が特定技能者になるための育成期間と位置づけられることから、今後、外国人労働者の受入れは、**特定技能制度に軸を置く**ことになるでしょう。

特定技能制度は2号の制度もあり、2号になれば5年という期限がなくなり、更新し続けることが可能で、自国から家族を連れてくることもできるようになります。

この2号の制度設計は、介護を除く業種において2023年秋に決定しており、これからは特定技能者から2号者として定住を目指す外国人が増えていくでしょう。

 経営元が変わったら、新規申請をしなければならない？

特定技能で雇用する場合、同じ店舗であっても、経営元が変わったり、社名変更をして法人番号が変更になった場合には、一からの変更申請になります。

ただ、その変更申請が通らなければ、現在勤務している店舗で働けないということはありません。変更申請をしている途中でも、その店舗で継続して勤務をすることは可能です。これは、飲食店でよくあるケースです。

 特定技能者を雇用している個人事業主が急に亡くなってしまった

個人事業主の場合は、雇用主が変わるのであれば、一から申請をし直さなければいけません。雇用主が急死して、息子が引き継ぐことになったとしても、変更申請が必要です。

そういうときのために、特定技能者を雇用する際には、法人化しておくなどの対策を立てておく必要があります。

特定技能の主な受入れ業種

　特定技能は管轄する省庁によって、制度の構築が違います。自社の分野がどこの所轄官庁なのかを確認して受入れを進めないと、受入れができなかった、期限が切れてしまったなどのトラブルにつながるので、注意しましょう。

介護	受入れができる施設としては、特別養護老人ホーム、グループホーム、デイサービスなどの施設が挙げられます。受け入れることのできない施設は、有料老人ホーム、サービス付き高齢者向け住宅などです。これらの施設は訪問介護に該当するため、受け入れることができません。しかし、2025年4月からの制度改正により、訪問介護系の施設も受け入れることができるようになるため、今後、介護業界での外国人材の受入れは大きく拡大していきます。	厚生労働省
製造業	製造業に関しては、受入れ機関が「製造業特定技能外国人材受入れ協議会・連絡会」（通称協議会）に入会をすることが受入れの要件となっています。自社の製造しているものが協議会に入会可能なものに該当するかどうかは、経産省のホームページから、製造業特定技能外国人材受入れ協議・連絡会の入会申請のページで産業分類の検索をすることができます。	経済産業省
建設業	特定技能者の雇用については、まず建設業許可証を持っていること、建設キャリアアップシステム（CCUS）に登録していることが前提条件となります。さらに、一般社団法人建設技能人材機構（JAC）またはJAC正会員の建設業者団体への加入が必須となります。 団体に加入したあと、国土交通省の建設特定技能受入れ計画のオンライン申請をします。それが受理されて、ようやく出入国在留管理庁への申請ができます。そのため、特定技能者になるまで長い時間がかかります。特定技能者になったあとも、特定技能者1名につき受入れ負担金がかかってきます。	国土交通省

外食 飲食料品製造業 農業 漁業	飲食料品製造業は特定技能者が最も多い業種です。外食も技能実習からの移行がない業種であるにもかかわらず、特定技能者の人数は多いです。農林水産省管轄は特別な取り決めがなく、スムーズな受入れができることが要因となっています。 農業、漁業が他の業種と大きく違う点は、派遣事業者が受入れ機関となり、外国人材を派遣できることです。これは季節性があるものをつくっているため、閑散期と繁忙期があることが大きな要因となっています。 しかし、派遣の事業許可があれば派遣ができるわけではなく、派遣をするうえではかなり限定はされるので、確認が必要です。	農林水産省

2024年に追加された受入れ業種

自動車運送業 鉄道	運送業での受入れは運転業務を担ってもらうため、来日をしてすぐに働くことができません。そのために入国後6カ月以内は特定活動での受入れとなり、運転業務に携わることはできません。 特定活動の間に母国で運転免許を持っている外国人は免許の切り替え、持っていない外国人は日本の運転免許を取得することが求められます。自動車運送業は最大受入れ人数を2万4500人、鉄道は3800人としています。	国土交通省
林業 木材産業	林業、木材産業に関しては林野庁が管轄となります。林業は5年間の最大受入れ人数を1000人、木材残業は最大5000人としています。	農林水産省

3 ビザの種類③
2023年秋から本格始動「特定技能2号」

　前項で述べた通り、特定技能では在留期間が**5年**と定められていますが、その後も継続して勤務できるように設けられた制度が**特定技能2号**です。

　これまでは建設業と造船業のみが対象で、特定技能2号者はほとんどいませんでしたが、2023年秋に介護を除く全業種で特定技能2号が制度として構築をされました。そして、2024年からは各分野において、特定技能2号試験がスタートしています。

　特定技能2号になる外国人にとってのメリットは、継続して日本に在住できることもありますが、一番の動機は**家族の帯同が可能**となることでしょう。

　ただし、この制度が移民の受入れにつながるという批判も多くあり、特定技能2号については拡大していくのか、あるいは強い制限を設けながら運用していくのかは、今後の人数の拡大状況や世論の動向によって変わっていくものと想定されます。

☑ なぜ、介護だけが特定技能2号を設けなかったのか

　介護業界では、2019年から**介護ビザ**を設けており、それが特定技能2号に代わるビザという認識でした。しかし、各業種の特定技能2号の要件が発表されると、介護福祉士になることが条件の介護ビザよりも、他の特定技能2号の要件が低いという状況が明らかとなりました。このままだと、日本に定住するために、介護の仕事から他の業種に移って2号を目指すということも増えていくと考えられます。介護においても、特定技能2号資格を設けなければ、外国人材が介護から流出していく可能性もあります。

　特定技能2号になる要件としては、ほとんどの業種において実務経験と2号評価試験の合格が求められます。製造業や農業のように、実務経験だけでもいい業種がある一方で、建設業では班長、造船業では監督者、外食業、飲

食料品製造業、宿泊業では管理者の経験が必要になるなど、分野によって必要となる実務経験が変わってきます。

　自社の業種では、どのようになっているのか、各協議会で確認するようにしてください。

> ### ☑ なぜ、日本語検定試験は要件として設けられなかったのか
>
> 　特定技能2号になる要件として、日本語検定N3以上を求めているのは、外食業と漁業だけになっています。
>
> 　移民の受入れにおいて、多くの国で問題となっているのが、その国の言語をうまく理解できない、話せないことです。それなのに、どうして日本語要件を設けないのでしょうか。ある業種の協議会に確認したところ、試験はすべて日本語でルビもふっておらず、日本語が理解できなければ試験に合格できないようになっているとの回答がありました。
>
> 　ただ、日本語能力がなくても試験対策はできます。そして、家族を連れてくるということになると、特定技能2号者は、日本語を話せない家族にとっては唯一の保護者であり、日本社会との橋渡しをしなくてはならない重要な役割があります。試験のための応急措置的な日本語の勉強だけを求めるのではなく、すべての特定技能2号者に対して、日本語要件を求めることが必須だと著者は考えています。

第2章　まず押さえておくべきビザの種類

4 ビザの種類④ 本当に高度人材？「技術・人文知識・国際業務（技人国）」

技術・人文知識・国際業務は、技術者や専門家に対して発行される在留資格であり、**就労ビザ**とも呼ばれていた働くためのビザです（今は特定技能もできたため、一般的には「**技人国**」と呼ばれています）。具体的には、自然科学や工学の分野（技術）、法律学や経済学などの分野（人文知識）、翻訳や通訳などの分野（国際業務）という形で定義されています。

技人国ビザを取得するためには、大学卒業、専門資格の保有などが審査の条件となります。そして、本人だけでなく、その外国人を受け入れる雇用先の業務内容や規模なども考慮されます。

専門学校卒の留学生も技人国で採用できる？

IT関係や自動車整備関係の専門学校生は、比較的ビザが通りやすいです。ただし、留学生の通う専門学校の多くがビジネスコースという日本語を学ぶ学科が多いので、専門性の高い分野とはみなされないケースがあります。

一方、2024年2月末から、専門学校に通う外国人留学生の就職先を大幅に広げていく制度改正が施行となりました。これまでは専門分野に限定されていましたが、関連が薄い分野でも就職を可とすることになりました。

母国で得たITのスキルで、技人国で日本に就職したが、プログラマーの仕事がイヤで辞めたい。他の仕事で就職できないか？

技人国ビザの場合、その専門性が評価されてビザを取得しています。どんな仕事でもできるわけではありません。あくまで母国や日本で学んだ専門性に該当する仕事でしか、就職することができません。

所属機関の区分に関しては、カテゴリーが1～4まで分けられています。上場している企業や、給与所得の源泉徴収票合計表の**源泉徴収額が1000万円以上**ある場合などはカテゴリー1、2に該当し、書類の簡素化ができます。まずは、出入国在留管理庁のホームページで確認してください(※)。

　外国から招聘する場合は、専門学校卒では該当はせず、最低短大卒以上の学歴は必要となります。

留学生を技人国で採用する場合に気をつけないといけないことは？

　留学生が技人国のビザを取得するうえで一番気をつけなければならないのは**オーバーワーク**です。アルバイトをしすぎて年間の所得が多い留学生の場合、許可を得るのが非常に厳しくなります。留学生の採用を検討する際には、まずは**課税証明書の提出**を求めて、留学生の期間に働きすぎていなかったかどうかを必ず確認するようにしてください。

技人国のビザの外国人がアルバイトすることはできる？

　在留資格審査で認められた仕事の内容と一致するのであれば、資格外活動許可をもらう必要もなくアルバイトをすることができます。ただ、通訳者として在留資格を認められている外国人が、コンビニなどで働くことなど、専門性と一致しない仕事は認められていません。

　技術・人文知識・国際業務のビザは、非常に複雑でもあるため、CASEを多めにご紹介しました。雇用するうえで参考にしていただきながら、自身で判断することなく、行政書士などの専門家や専門機関に相談しながら雇用することをオススメします。

※出入国在留管理庁ホームページ「在留資格『技術・人文知識・国際業務』」
https://www.moj.go.jp/isa/applications/status/gijinkoku.html

5

ビザの種類⑤

日本人と同等？
「永住者、定住者、配偶者」

永住者は、日本にずっと滞在し続けて活動することができる在留資格です。在留期間においても無期限で日本に住むことができます。

永住申請を行なうには、現在所有している在留カードが3年以上の期間があること。5年の間に脱退一時金の受け取りをしていないこと。おおむね10年以上継続して日本に在留をしていること。独立した生計を営む資産や技能を有すること。そして、税金や年金などの滞納がないことなどが申請をする条件として挙げられます。もちろん犯罪歴なども問われます。

定住者は、永住者と比べると安定した身分ではありません。更新の際に身分や収入などの状況が変わっていれば更新もできなくなります。

定住者の要件として多いのは、

・**日系人である場合**

・**難民認定をされた場合**

・**日本人の配偶者と離婚、死別などで在留資格がなくなった場合**

などがあります。

「永住者」「定住者」と在留資格に記入されている人は、日本人と同等に勤務することが可能です。

日本人や永住者と結婚すると配偶者ビザとなり、配偶者ビザも日本人や永住者と同等の勤務が可能になります。

永住者の場合は身分が変わることはまずありませんが、定住者、配偶者ビザの場合は身分が変わるケースもあるため、在留資格の確認においては注意が必要です。

永住申請をするために年収300万円以上の給与が もらえる勤務先を探してほしい

　永住権を求めるために、それに適用できる年収を求めてくるケースがあります。ただ、多くの外国人の場合、その年収に見合ったスキルがないということがあります。特に日本の場合は年功序列で収入が上がっていくケースが多いので、年収要件を満たすためには、まずは勤続年数を長くすること、そして転職を繰り返すのはよろしくない旨を伝えていくことが、外国人労働者に定着してもらう手段となります。

 日本人の配偶者ビザの人が離婚したら？

　日本人の配偶者ビザで働く人が離婚してしまったら、次に取ることのできるビザとして、定住者のビザに変更できる場合があります。離婚した日本人との間に子どもがいると、認められる可能性が高くなりますが、その他、3年以上婚姻生活が継続していたこと、生計を立てることができること、日常生活に不自由しない日本語能力を有していること、納税などの公的義務を果たしていることなどが求められます。

 仕事を辞めたので、 年金保険料を支払うことができない

　経済的に困窮をしていて、年金保険料を支払えない場合は、免除や減免などの措置があります。まずは市区町村の担当課に相談してください。医療費の支払いができない場合も、医療機関が低所得者を対象に無料、または低額な料金で診療を行なう「無料低額診療事業」の利用が検討できます。市区町村の福祉課などに問い合わせてみてください。

ビザの種類⑥
6 これからの日本を担う 「留学生」

「**留学生**」ビザは、日本語学校、専門学校、大学など、日本の教育機関において活動をするために設けられたビザです。

多くの場合が、まずは日本語学校で日本語の勉強をします。その後、専門学校、4年制の大学などで専門的な勉強をしながら、日本で就職を目指します。

また、中国人、台湾人、韓国人など、東アジアの国籍の人の中には、自国の大学を卒業後に来日して、日本語学校で1年間日本語の勉強をしながら、就職活動をする人も多くいます。

在留カード上では就労不可とされていますが、**資格外活動許可**を得ることで、アルバイトをすることが認められています。

アルバイトとして認められているのは**週28時間まで**の勤務とされています。ただし、春休み、夏休み、冬休みなどは**週40時間**までのアルバイトが認められています。

☑ 留学生をアルバイトで受け入れたら行なうべき手続き

留学生をアルバイト雇用したら、ハローワークに**外国人雇用状況届出書**の提出が必要になります。以前はハローワークまで行って届け出をしなければならなかったのが、現在では**外国人雇用状況届出システム**より、ネットで登録をすることができます。

以前は学業ではなく、アルバイトをすることが目的で来日する外国人が多く、**出稼ぎ留学生**とも呼ばれていました。法定時間を超えてアルバイトをしている状態を**オーバーワーク**と呼びます。

ただ、ここ最近は日本語学校への指導が厳しくなり、制限を超えてアルバイトするのが難しい状況にはなっています。働きすぎてしまうと、ビザの更新ができない、日本で就職をしようと思っても、オーバーワークのために働

くためのビザに転換できないといったことになってしまいます。

CASE 他にアルバイトしているかを確認して採用すべき?

　前述の通り、留学生がアルバイトできるのは原則週28時間までと決まっています。他でアルバイトしている場合、28時間を超過してオーバーワークとなってしまうリスクがあるので注意しましょう。最低限、自社での勤務を28時間以内に必ず収めるように対処してください。

　長期休暇に関しては、あらかじめ日程表を出してもらうなどして対応するのがよいでしょう。

CASE 応募に来た留学生から、給料を手渡しでほしいと言われた

　留学生は週28時間以上働けないため、それ以上稼ごうと他のアルバイト先で働く可能性があります。その場合、「給料を手渡しでもらえないか」「現金でもらえないか」と言ってくるケースがあります。

　それは、単純に現金でお金がほしいから言っているわけではありません。制限時間を超過して働いていることが発覚するのを避けるため、給料という形ではなく、ポケットマネーでお金がもらえないかということを要望しているのだという理解が必要です。

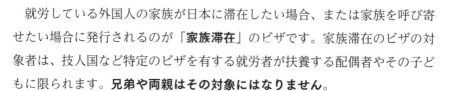

ビザの種類⑦ 増加を続けている「家族滞在」

　就労している外国人の家族が日本に滞在したい場合、または家族を呼び寄せたい場合に発行されるのが「**家族滞在**」のビザです。家族滞在のビザの対象者は、技人国など特定のビザを有する就労者が扶養する配偶者やその子どもに限られます。**兄弟や両親はその対象にはなりません。**

　母国から家族を呼ぶ際には、経済的に生活が成り立つかどうかは重要な審査事項になります。

　家族滞在の在留資格で日本にいる外国人には、資格外活動許可で**週28時間**の労働が認められています。風俗営業等でなければ、その勤務先や業務内容に縛られることはありません。

 外国人の妻がパートの面接に来たが、家族滞在になるのか?

　まず在留カードを確認すれば、その方の在留資格がわかります。外国人の奥さんだから家族滞在というわけではなく、永住者や配偶者などの場合もあるので、その点を確認して雇用するようにしてください。

　家族滞在のビザは、技能実習生や、特定技能者の配偶者、子どもは取得することができません。

　最近は特定技能者同士、または特定技能者と技能実習生との結婚も増えてきて、そこで子どもができるというケースも見られます。その場合、生まれてきた子どもは、現段階では家族滞在のビザを取得することはできませんが、人道的見地から「**特定活動**（本章8項）」という在留資格で日本に在住することが認められる場合があります。

　ただし、それは日本で生まれた場合の特例であるため、母国から子どもを呼び寄せることはできません。

家族滞在から特定技能、または技術・人文知識・国際業務へのビザの転換も、特定技能であれば、特定技能試験の合格証と技能実習修了書または日本語検定の合格証、技術・人文知識・国際業務であれば、学歴や資格などを有していて、受け入れる企業があれば可能です。

　また、短期的に家族を日本に呼びたい場合は、90日以内の滞在であれば**「短期滞在ビザ」**で呼ぶこともできます。その場合は、親や兄弟などでも呼ぶことができますので、使い分けを検討してもいいでしょう。

彼女を留学生で連れてきたいが、彼女は以前に技能実習生として来日し、後に失踪している。来日は無理?

　失踪原因と帰国した方法にもよりますが、まず留学生として来日するのは難しいと思われます。結婚して、家族滞在として呼ぶのが一番可能性は高いでしょう。その場合は、申請時に失踪から帰国の経緯、婚姻の経緯、その夫となる外国人を受け入れている企業が、責任を持って管理するなどの書面を用意することをオススメします。

技人国のベトナム人。家族を呼び寄せたが、その1年後に退職

　奥さんと3歳になる子どもを家族滞在で呼び寄せたが、全く日本語が話せない奥さんが日本での生活になじめず、1カ月で子どもを連れて帰国。そして、そのベトナム人も後を追うようにして退職して帰国をしたケースがありました。やはり日本語が話せないことは、家族が生活をするうえで非常に高いハードルとなります。その点を考慮しながら、受入れ企業としては、日本での生活がうまくいくようにサポートをすることが求められます。

ビザの種類⑧

8 これまでの在留資格に当てはまらない「特定活動」

「**特定活動**」は、個々の外国人の許可の内容により就労の可否が認められる在留資格です。特定技能と特定活動を混同している方がいますが、全く違う在留資格ですので、くれぐれも間違えないようにしてください。

特定活動は46種類あります。特定活動は主に**告示特定活動**と**告示外特定活動**に分けることができます。

告知特定活動とは、あらかじめ活動内容が定められている場合です。主なものとして下記のような内容があります。

・ワーキングホリデー
・インターンシップ

2023年には、「未来創造人材制度（J-Find）」という告示特定活動ビザも設けられました。

☑ これから増えるか？　未来創造人材制度（J-Find）

　3つの世界大学ランキング中、2つ以上で100位以内にランクインしている大学・大学院を卒業した人が、日本で就職活動ができるように付与されるビザです。在留期間は最長2年間となっており、その間に就職活動、起業準備活動、就労ができます。

　今後、この制度をより拡大していきながら、海外からの優秀な人材を積極的に受け入れる体制づくりがされるものと考えられます。

告示外活動の場合は、日本国内にいる場合に変更して取得できる場合があるもので、海外に在住している人が申請することはできません。主な活動内容としては、以下のものとなります。

・大学を卒業した留学生が就職活動を行なう場合
・特定技能1号への移行準備
・出国準備

対象となる外国人に対して交付される「**指定書**」で、その外国人をどう雇用すればいいかを確認することができます。指定書はパスポートに添付されています。在留資格の欄に「指定書」と記載されている場合は、必ずパスポートにある指定書を確認してください。

雇用の現場でよく遭遇するケースとしては、留学生が学校を卒業したあとに、まだ就職先が決まっておらず、就職活動を目的とした特定活動に変更する場合です。就職活動を目的とした特定活動については、アルバイトを含む就労は認められていませんが、資格外活動の許可をもらった場合は、生活のための週28時間までのアルバイトでの勤務は認められています。

ワーキングホリデーやインターンシップなど告示特定活動で雇用する場合を除くと、特定活動の外国人を雇用するケースとしては、アルバイトで応募してくる場合が最も多いと思われます。その場合は、在留カードの裏面を見て、資格外活動許可があるかどうかを確認するようにしてください。

9 自社で外国人を雇用することは無理なのか？

技能実習は職種で受入れが定められており、**特定技能は業種**で受入れが定められています。それらに該当していなければ外国人労働者の受入れができません。実際、せっかく外国人を受け入れたいと思っても手段がないというケースが多くあります。

ただ、全く手段がないかというと、そうではありません。まず、永住者に代表される身分系の在留資格であれば、どんな業種でも働くことができます。そして、任せていきたい業務によっては技人国で受け入れることも可能です。

技人国の雇用している物流工場

物流業では技能実習、特定技能の雇用ができないので、多くのベトナム人留学生をアルバイト雇用している物流工場。そのベトナム人留学生のアルバイトを管理する立場として、ベトナム人を技人国で雇用しています。

海外への販路を求めるため、外国人を雇用した物販会社

ある物販の会社は、今後、中国への販路の拡大をしていきたいということで、その対応ができる中国人を技人国で雇用しています。

また、注目してほしいのは**留学生**や**家族滞在**です。資格外活動許可の範囲内となる週に28時間しか働けない、学校や家庭の事情もあるということはありますが、それでも短時間でも働ける外国人の受入れに着目することで、外国人の戦力化を進めている企業は多くあります。

CASE 日本語があまりできないネパール人の駆け込みの場に

　ネパール人を多く受け入れている食品加工の会社。ネパール人の責任者を筆頭に、多くのネパール人が働いているため、日本語が話せないネパール人でも働くことができます。
　特に、家族滞在で、全く日本語を話せない状態で日本に来るネパール人女性がたくさんいます。そういう人たちでも働ける職場として、ネパール人コミュニティの中では有名となり、応募がひっきりなしにある状態が続いているそうです。

CASE シフトで留学生をうまく活用

　技能実習で受入れをしたかったが、どうしても職種区分で通らなかった会社。自社のシフトを確認してみると、昼の15時までは、パートさんが多く勤務をしていて、15時以降の稼働が落ちていることに気づきました。それならと授業終了後の15〜16時から働ける留学生を積極的に雇用することに。
　ただ、定時の17時までとなると、勤務時間が短時間になってしまうので、社員を当番制にして20〜21時まで機械が稼働するように社内の仕組みを変えました。そうして留学生に対して4〜5時間の勤務を保証することで、当番の社員とともに、昼すぎまでは日本人のパート、昼すぎからは留学生をシフトに入れることができ、生産性を高めることに成功しました。

10 在日2世の労働者を雇用できる特定活動

　近年、文部科学省が公表している「日本語指導が必要な児童」の在籍人数が増えています。2014年には3万人台だったのが、2023年度は**6万9123人**と2倍以上に増えています。

　都道府県別の状況としては、愛知県が他を大きく引き離しての1位で、2位が神奈川県。そして、東京都、埼玉県、静岡県、大阪府という順位になっています。

　言語別に見ると、ポルトガル語を母語とする割合が20％を占めて最多ですが、ここ最近、増加傾向にあるのがネパールです。調理の技能で来日したネパール人が母国から家族を連れて来ているのが主な理由です。

　こうした児童は、高校を卒業しても正規の職に就ける割合が低いことが課題となっています。非正規雇用率は令和5年度で38.6％となっており、就職する際に、日本語が障壁となっている現状があります。

　それなら、現段階での在日2世が就職をする場合は、どういう在留資格となるのかというと、少し複雑になっています。

　小学校または中学校の入学当初から在校している場合は、就労先が決まっている場合、家族滞在から定住者への在留資格の変更が認められます。高校の入学式からすでに日本で教育を受けていて、就労先が決まっている場合は、特定活動への変更で、日本人と同等の勤務をすることが許可されます。

　少し複雑なのが、高校の途中で母国の高校から日本の高校へ編入してきた場合です。この場合は、日本語能力試験N2程度の試験に合格した資料が必要になります。これは、就労のために高校卒業直近で編入してきたりすることを防ぐためと想定されます。

70

在留資格の変更の要件

定住者	特定活動
我が国の義務教育（小学校及び中学校）を修了していること ※中学校には夜間中学を含む	—
我が国の高等学校等を卒業していること、または卒業見込みであること ※高等学校には定時制課程及び通信制課程を含む。その他対象となる学校については法務省ホームページで確認	我が国の高等学校等を卒業していること、または卒業見込みであること ※ただし、高等学校等に編入している場合は、卒業に加えて日本語能力試験N2程度の日本語能力を有していることが必要
—	扶養者が身元保証人として在留していること
入国後、引き続き「家族滞在」の在留資格を持って日本に在留していること ※「家族滞在」以外の在留資格で在留している人でも、「家族滞在」の在留資格該当性がある人は、本取扱いの対象となる		
入国時に18歳未満であること		
就労先が決定（内定を含む）していること ※当該就労先において、資格外活動許可の範囲（1週につき28時間）を超えて就労すること		
住居地の届出等、公的義務を履行していること		

※参照：法務省「高等学校等卒業後に日本での就労を考えている外国籍を有する方へ」
https://www.moj.go.jp/isa/content/930003573.pdf

　そのため、高校卒業から特定活動に変更する場合は、入学式から高校に在籍をしていたかどうかが問われるため、入学時に在籍していたことを証明する資料を用意しておく必要があります。

　特定活動から定住者に移行できる滞在期間は、5年以上と決められています（その5年間には、学校などで勉強をした期間も合わせることができます）。そのため、5年の経過後には定住者への申請ができることになります。

CASE　高校を卒業したネパール人を、紹介予定派遣で採用。その後、正社員に

　3月に定時制の高校を卒業したネパール人を雇用した会社の例です。まずは家族滞在で週28時間働いてもらいながら、特定活動への切り替えをします。特定活動になってからは就労の制限なく働くことができるので、残業などもこなしながら勤務。6カ月が経過した時点で、正式に正社員として採用されました。現在でも特定活動を更新して、勤務を継続しているそうです。

11 在留期限に気をつける ビザの更新

　外国人を雇用している場合に、必ず気をつけなければならないのが**ビザの有効期限**です。
　ビザの期限がないのは**永住者**だけで、定住者、配偶者など身分系のビザの場合も期限はあります。ただ、身分系の外国人は基本的には自分で更新するので、雇用している事業者としては、その**在留期限の確認だけはしておきましょう**。会社での必要書類を頼まれた場合は、その対応をするというスタンスで問題ないかと思います。

　どんなビザの申請であっても、**在留期間の満了する3カ月前**から申請を受け付けてもらうことができます。
　技能実習生に関しては、まず技能実習1号が1年、技能実習2号が2年間の滞在期間となります。技能実習3号を取得する実習生は、3号の技能実習開始前、または1年以内に1カ月以上の一時帰国をすることが決められています。また、技能実習から特定技能になる場合は在留資格の「変更」となり、「更新」ではありません。更新の手続きはほとんどのケースにおいて、その技能実習生を管理する監理団体で対応してもらえます。

　特定技能に関しては、4カ月、6カ月、1年の在留期間があります。そして、ほとんどの場合が1年で対応しています。特定技能に関しても、登録支援機関に支援の委託をしていれば、その支援費の範疇で更新の対応をしていることが多いです。
　ただ、登録支援機関に頼むと費用がかかる場合、または自社支援で対応をしている場合は、更新は自社で対応をするケースも出てきます。同一企業での特定技能の更新は簡単ではあるので、自社で対応することも可能です。

技術・人文知識・国際業務（技人国）になると、監理団体、登録支援機関は介在しなくなるので、自社での対応が求められます。技人国の外国人がビザの更新をするときによくあるのが、本人に任せるというケースです。日本に長く滞在している場合はいいですが、確実に更新したいということであれば、企業側が対応したほうがいいでしょう。

　更新も行政書士に頼んだほうがいいのかというと、まずはその外国人が以前申請したのが自社なのかどうかが大きな判断材料になります。自社でなければ、理由書なども必要となるため、行政書士に頼むべきかと思います。前回も自社で申請していたのであれば、更新の手続きはそんなに難しい作業ではありません。自社で更新の対応に慣れていくことができれば、今後、多くの外国人を受け入れていく中で必要な知識の蓄積にもなります。

出産で帰国するので、早めに更新の手続きをしたいと言われたら

　「妊娠をしたので、ベトナムの実家で出産をしたい。そのために、出産予定日の2カ月前の5月には帰国をしたい」と言われた会社の例。この場合、更新日が8月だったので、入管に確認して、事情が認められるケースとして、5カ月前の4月での申請をすることができました。

在留期間をあえて1年間で申請している会社

　技人国は更新であれば3年や5年の在留期間がおりるケースもあります。ただ、そこをあえて1年ごとの更新している受入れ会社もあります。その理由としては、長期の在留期間に持つことで、じっくりと転職先を探されてしまう場合もあるためです。そうであれば、1年ごとの更新にして、転職を防ごうというわけです。勤務態度などが不安な場合は、1年ごとの更新で様子を見る、というのは手段としてはありかとは思います。ただ、永住権などがかかっている期間の場合は、配慮が必要です。

【第 2 章参照】

公益財団法人国際人材協力機構（JITCO）ホームページ
https://www.jitco.or.jp/

出入国在留管理庁ホームページ
https://www.moj.go.jp/isa/

第 3 章

採用前に
理解しておくべき
受入れ国の特徴

EPISODE ③

イスラム教徒を紹介された飲食店

　速水は都心で居酒屋を経営している。居酒屋をやるうえで、ずっと悩みの種になっていたのが、深夜帯のアルバイトの確保ができないということだった。(※1)

　平日、特に金曜日はラストの2時までお客さんで満席のことがあるが、日本人の学生アルバイトは翌日の授業があったり、最終電車の時間までの勤務ということになっていたりして、ほとんどが10時から12時の間に帰ってしまう。それが速水と他の社員2名の負担になっていた。

　そこで知り合いから話を聞いたのが、**特定技能制度**である。特定技能制度ならフルタイムで外国人を雇用できるので、深夜帯で活用したらどうかということだった。

　速水はぜひにと、特定技能に対応しているという会社を紹介してもらうことになった。

　あすか協同組合の永山は特定技能の制度について説明したうえで、こう切り出した。
「外国からの受入れ先でいえば、インドネシア人が非常に注目されており、多くの受入れ先がベトナムからインドネシアに変更をしています。一度、インドネシア人材の面接をしてみませんか?」
　速水は、永山に言われた通り、インドネシア人と面接をすることにした。
　ただ、履歴書が届き、読んでみると、引っかかる部分がある。
「豚肉を触ることは大丈夫です」

一体、どういう意味なのか?

「インドネシア人の多くはイスラム教徒なんです。だから、豚肉を食べることができないのですが、そこはちゃんと飲食店で対応できる人材を揃えていますので、大丈夫です」

　永山にそう言われて、速水は「ハラール(※2)」という言葉を思い出した。飲食店をやっているので、イスラム教徒のお客様が来たときには対応しなければならない決まりとして聞いたことがある。

「ちょっと待って。豚肉が食べられないんだったら、例えば、試食とかはどうしたらいいの?」

　速水にそう言われて、永山は言葉に詰まった。

「慣れれば大丈夫になりますよ。インドネシアのイスラム教はそこまで戒律は厳しくないので、日本に来てから豚肉が食べられるようになったというインドネシア人も多くいますから」

　なにか釈然としない思いを抱えながら、速水はオンライン面接に臨んだ。オンラインでは4名のインドネシア人と面接をした。誰もが若くて日本語もうまく、はきはきと話ができるいい人材だった。

「うちは居酒屋なので、豚肉を使うメニューもあります。豚肉は食べたことはありますか?」

「食べたことはありませんが、私は大丈夫です」

　4名ともが揃ってそう答える(※3)。確かに最初のうちはメニュー開発などはしてもらわなくてもいいので、食べられないとダメというわけでもない。

　速水は「合否を1週間以内には伝えます」と言って、オンライン面接を終えた。

　採用する人物も決めたが、イスラム教というのが、どうも引っかかっていた。そういえば、知り合いでハラール認定を取った飲食店オーナーがいた。そのオーナーに連絡をして、「インドネシア人を雇用する予定だけど、大丈

夫ですかね」と聞くと、うんざりしたような声が返ってきた。

「イスラム教徒で豚肉を食べることはありえないよ。それに、アルコールも
ダメだから、料理酒やみりんが入っている食事も食べることはできないよ。
それで速水さんのお店は雇用しても大丈夫なの?」

　豚肉だけ気にしていればいいと思っていた速水は、そう言われて驚いた。

「お酒を飲むのがダメということじゃないんですか?」

「いや、料理に使っていたらダメ。イスラム教徒、つまりムスリムを採用す
るんだったら、ハラールについてある程度は知っとかないとヤバインじゃな
いの?」

　速水は混乱した。そんなことは全く聞かされていなかった。

　そもそも速水は、インドネシア人をどうしても採用したいというわけで
はなかったのだ。それなのに、なぜイスラム教徒を雇用しないといけないの
か?[※4]

　速水は、他に特定技能者を受け入れている同業の知り合いにも聞いてみた。

「ああ、うちは日本にいるネパール人を紹介してもらっているよ。ネパール
人は牛が食べられないけど、別に何の支障もない」

　今度は牛が食べられない?[※5] こんなに多くの外国人が飲食店で働いてい
るのに、これがダメ、あれがダメとなったら、どうやって採用していけばい
いのか。そもそも、みんなそんなことは承知のうえで外国人を雇っているの
か?

　速水は永山に連絡をして、今回の採用は見送ることを伝えた。自分が外国
人について全く理解せずに雇用しようとしていたことに気づいたからだ。

　日本にいる留学生アルバイトを雇う場合なら、まだいいだろう。だが、特
定技能というのは、正社員としての雇用ということになる。それで、受け入
れるスタッフの国のことを全く知らないでは、話にならない。

※1: 深夜帯まで仕事がある居酒屋、ラーメン店などの飲食店では、多くの特定技能者が活躍しています。

※2: ハラールとは、イスラム法の教えに基づき合法なもの、許されたものという意味のアラビア語。ムスリム（イスラム教徒）は食事について食べてはいけないものを注意しながら生活をしています。

※3: オンライン面接の際、面接を受けている外国人の前で、教育機関のスタッフが面接に受かるよう、対応の指示を出しているケースがあります。そのため、「大丈夫ですか?」という問いかけは、あまり意味がありません。

※4: どの監理団体、紹介会社、登録支援機関にも、この国から受け入れてほしいという思惑が多少なりともあります。当然、自社にとって都合のいい、または受け入れやすい国を指定してくるので、知識を持ったうえで対応しましょう。

※5: ネパールはヒンドゥー教なので、牛を食べることができません。ただ、イスラム教徒の豚が食べられない理由と、ヒンドゥー教徒の牛が食べられない理由は全く違います。イスラム教徒にとって、豚は穢れたものとして忌避します。一方、ヒンドゥー教徒にとって、牛は神聖な動物として扱われます。同じように肉を食べられないとはいっても、意味が異なることを理解したうえで雇用する必要があります。

「外国人」と一括りにしてしまう摩訶不思議さ

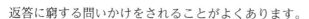

　返答に窮する問いかけをされることがよくあります。
「外国人はこれからも日本に働きに来てくれるのでしょうか?」
　こう聞かれる理由としては、日本がずっと賃金が上がらないといわれていること、そして、円安により日本の価値が下がっているということがあります。どうしても、そういう問いかけになってしまうのは理解できるのですが、**「外国人」という定義があまりにも広すぎます。**

　これが、「ベトナム人は」などと国を指定してもらえれば、
「ベトナムは1人あたりのGDPがまだ日本の8分の1程度ですよ」
「ハノイやホーチミンなどのベトナムの大都市は物価が高騰しているので、日本に働きに来たほうがお金は貯まりやすいんですよ」
　など、その国の特徴や状況を交えながら的確なアドバイスができます。
　しかし、「外国人」と一括りに聞かれてしまうと、ベトナム人なのかインドネシア人なのかによって今後の就労動向は異なりますし、南アジアと東南アジアとでは環境が全く違います。それこそアフリカ諸国などまで含めたら、もう返答のしようがなくなるわけです。
　私の場合、冒頭のような問いかけをされた場合は、「日本は住みやすい国なので、日本で働きたいというよりも、日本で生活したいという外国人は多くいますよ」と無難な回答をすることにしています。この返答であれば、各国の事情を考慮しなくても、日本についてだけ述べているので、どこの国の人にも当てはまります。

　自国以外の国の人を、「外国人」とひっくるめて言ってしまうのは、私が知る限りでは日本人くらいです。これは、日本が単一民族で国家が形成されてきたということが、大きく影響しているのだと思います。

外国人を「ガイジン」と呼ぶ人もまだまだ多くいます。「外国人」を辞書で調べると、「その国の国籍を持たない人」と出てきます。一方で、「ガイジン」で検索すると、外国人という意味に加えて「仲間以外の人、他人」という意味も出てきます。

　「外国人」の略が「ガイジン」ではありません。「ガイジン」と呼ばれることを差別的に捉える人もいますので、「外国人」と呼ぶようにしてください。

　また、国籍によって、在留資格も大きく変わってきます。

　大きく分けると、**身分系の在留資格**を持つ外国人と、**就労系の在留資格**を持つ外国人という分け方ができます。

　身分系の在留資格とは、「永住者」「定住者」「日本人の配偶者等」「永住者の配偶者等」の4つで、**活動内容を制限されていない**ということが大きな特徴です。

　身分系の外国人の代表格が**ブラジル人**です。そのほとんどが日系ブラジル人であり、身分系に属しています。また、**中国人、フィリピン人**も身分系の人が多いのが特徴です。

　就労系の在留資格は、「技能実習」「特定技能」「技術・人文知識・国際業務」などです。

　就労系の在留資格はベトナムを筆頭に、インドネシア、フィリピン、ミャンマーなど、主に東南アジアの国の人が当てはまります。これからは南アジアの国、インド、ネパール、スリランカ、バングラデシュ、パキスタンなどからも、就労系のビザで来日することが多くなると想定されます。

　第3章では、ミスマッチな受入れを防ぐために、国によって、どういった違いがあるのかを紹介していきます。

2 断トツの送り出し人数を誇るベトナム

　まずは、外国人労働者数が一番多いベトナムから基礎データを見ていきましょう。

【ベトナムの基礎データ】

- **人口**：9930万人（2024年統計）
- **政治体制**：社会主義共和国
- **民族**：キン族86%、ほか少数民族14%
- **言語**：ベトナム語
- **宗教**：仏教が多いとされているが、ベトナム人の8割が無宗教とするデータもある。日本人と同様に多宗教を受け入れている国でもある。また、カトリックが人口の1割程度とされており、特にオランダの統治が強かった南部に多いのが特徴
- **在日ベトナム人数**：56万5026人（2023年末統計）

> ☑ **「私は南部の人間だから、北部の人とは仲良くなれない」**
>
> 　ベトナムは南北に分断されていた時期があり、ベトナム戦争によって、北ベトナムが勝利をし、統一を果たしました。その当時からサイゴン（現ホーチミン）のある南ベトナムのほうが経済的に栄えており、統一後、繁栄している南ベトナムに北からの移住者が増えたことから、南部に元から住んでいるベトナム人は、北部のベトナム人のことをあまり快くは思っていないということがあります。

　ベトナムは技能実習生、特定技能者ともに人数の5割を占めており、他国と比べて圧倒的な人数を送り出している、日本にとって最大の労働者送り出し国です。ただ、最近はベトナムが経済的に発展してきたことで、技能実習

生においては、その割合を減らしてきています。

　また、技能実習において、ベトナム人を敬遠する受入れ企業が増えてきています。理由は、ベトナム人の失踪率が高いこと。2023年の失踪者数9753人のうちの5481人がベトナム人で、最多となっています。
　そして、ベトナム人の犯罪が増えているということも、理由としてあります。万引きや窃盗のような犯罪が多かったのが、ここ最近は強盗事件や刺傷事件などの大きな事件も起こすようになってきています。

　ただ、特定技能者においての増加率は依然としてベトナムが一番高く、日本で働いている外国人労働者としてベトナム人が最も多いことを考えれば、特定技能においては、これからもベトナム人が増えていく傾向が続くと想定されます。

海外送金をベトナム料理店のオーナーに頼んだが、着金されずトラブルに

　ベトナム人同士でだましたり、詐欺にあったりすることが多いのがベトナム人の特徴です。同胞を信じるという感覚が他の国の人よりも強いのが理由にもなっています。
　送金や物品の売買、仕事の斡旋などでトラブルとなるケースが多く、それがベトナム人の犯罪が多い理由ともなっています。その背景のひとつとして、ベトナムのギャンブルであるロデやソックディアなどで多額の借金を背負うことなどが問題視されています。

3 「中国からはもう労働者は来ない」は間違い

【中国の基礎データ】

- **人口**：14億2520万人（2024年統計）
- **政治体制**：社会主義共和制
- **首都**：北京
- **民族**：漢民族92％、ほか55の少数民族
- **言語**：中国語
- **宗教**：仏教、キリスト教、イスラム教
- **在日中国人数**：82万1838人（2023年末統計）

☑ 中国の若者の就職先がなくなっている

中国では大学の卒業者数が2022年に1000万人を超えています。大学、専門学校などへの進学率は2022年には59.6％に上り、大卒に見合った就職先が見つからないという雇用のミスマッチが起きています。

都市部での若者の失業率は14.9％と高い状態で、中国経済は不動産バブルの崩壊による経済対策に有効な手が打てておらず、雇用の受け皿が増えていかない現状があります。

今後も定年退職年齢の引き上げの副作用などがあり、中国では、大学を卒業したけれど就職先がないという状況がより深刻化する懸念があります。そのため、働き先としての日本の人気が、今後はより高くなっていく可能性があります。

「中国からは労働者として働きに来ない」とよくいわれていましたが、現在、中国からは多くの留学生が来日しています。2023年の中国人留学生数は13万4651人と、2位以下を大きく引き離しています。

それは、中国では就職先を見つけることが大変であること。生活の便利さや環境を求めて日本に来ていることもありますが、統制国家である中国から

日本へ逃れて来るという一面もあります。今後も留学生として来日して、日本で就職活動をする中国人は増加していくものと想定されます。

　中国は落ち込んでいるとはいえ、インバウンドの観光客数でいえば、圧倒的なシェアを持つ国です。そうしたインバウンド需要を取り込んでいくために、中国人の雇用・活用は無視できません。中国人労働者は、これからの日本の基幹産業となっていく観光産業にとって、大きな戦力となるのは間違いないでしょう。

 CASE　「中国人観光客はマナーが悪い」は真実か？

　中国人観光客のマナーが悪いという通説は、SNSなどでも拡散されています。
　しかし、観光客数が国別で最も多いので、目立つのは仕方がないという見方もあります。
　ここで気をつけてほしいのが、頭ごなしに注意をしていないかどうかです。中国人は日本人が想像できないほど**面子を重んじます**。その中国人が、家族や仲間の前で面子を潰されたと感じれば、態度が悪くなるのは当たり前の話なのです。
　これは非常に注意して対応してもらいたいポイントです。当然、中国人を雇用する場合にも当てはまりますので、その点に十分気をつけながら中国人の雇用をしてもらえればと思います。

4 永住者も多く活躍しているフィリピン

【フィリピンの基礎データ】

- **人口**：1億1910万人（2024年統計）
- **政治体制**：共和制
- **首都**：マニラ
- **民族**：マレー人が多数の他民族国家
- **言語**：フィリピノ語（タガログ語をベースにした言語）、公用語は英語
- **宗教**：アセアン唯一のキリスト教国で、国民の86％がカトリック
- **在日フィリピン人数**：32万2046人（2023年末統計）

> ☑ **昔は多かったフィリピンパブ。最近あまり見なくなったのは、なぜ？**
>
> フィリピンパブで働く女性の多くが、興行ビザと呼ばれるビザで働くフィリピン人でした。**興行ビザ**とは、歌手、ダンサーなどの職種の方が対象となります。
>
> 最盛期の2004年には8万2714人のフィリピン人が興行ビザを取得して入国していました。それが、アメリカ国務省により人権侵害だと非難をされたため、日本政府は興行ビザの運用を厳格化。興行ビザの発給は翌年には1割程度にまで減少し、フィリピンパブは大きな打撃を受けて、多くは廃業に追い込まれました。

外国人労働者受入れ制度ができる前から、多くのフィリピン人が日本で働いていました。明治時代に日本から多くの労働者がフィリピンへと移住をした歴史があり、現在は、その子孫である在日4世の人が定住者として日本で多く暮らしています。

また、歌手やダンサーだけに認められる興行ビザで、多くのフィリピン人が1980年代から来日していた経緯があります。その方々も今は多くが永住

権や配偶者ビザを取得して日本で暮らしています。

　技能実習生や特定技能者、技人国など、就労系のビザでフィリピン人を雇用するためには、フィリピンにおける外国人労働者の送り出しの手順について知識を持っておく必要があります。

　フィリピンは労働者を送り出してきた国として古い歴史を持ち、海外労働者からの送金が国にとっても重要な財源となっています。そのため、送り出すことによる自国のメリットをシビアに計算してきますので、受入れまでに膨大な時間がかかる、費用が高額になるなどの状況が出てきます。

 フィリピン人を特定技能者で雇おうとしたが、他の国より大変だった

　フィリピン人を雇用するためには、移民労働省であるDMW（旧POEA）や駐日フィリピン共和国大使館海外労働事務所のMWO（旧POLO）との対応が必要になります。

　フィリピンは国民の10％が海外で働いており、昔から海外からの送金が最大の外貨獲得の手段となっていました。そのため、フィリピン政府は、海外への労働者の送り出しについて独自のルールを設けています。

　フィリピンは海外で働く自国の労働者を守るという観点から、フィリピンから労働者を受け入れようと思えばDMW、MWOとの対応が必要になります。そのため、受け入れる日本企業側の手続きはとても煩雑になるので、フィリピン人の雇用の際には、十分な知識とある程度時間に余裕を持った対応が求められます。

第3章　採用前に理解しておくべき受入れ国の特徴

5 圧倒的な留学生数を誇るネパール

【ネパールの基礎データ】

- **人口**：3120万人（2024年統計）
- **政治体制**：連邦民主共和制
- **首都**：カトマンズ
- **民族**：ネパール人
- **言語**：ネパール語
- **宗教**：ヒンドゥー教81％、仏教10％、イスラム教5％
- **在日ネパール人数**：17万6336人（2023年末統計）

☑ コンビニで働くネパール人が増えている

2023年のネパール人の留学生は3万7878人と、2位ベトナムが減少しているのに対して、毎年増加をしており、2023年にはベトナムを抜いて2位になりました。

留学生をアルバイトで受け入れている事業者、例えばコンビニや飲食店などにとっては、ネパール人のアルバイトをいかに雇用するか、活躍してもらうかという点がお店を運営していくうえで重要になっています。

ネパールは国土の8割が丘陵・山岳地帯で、国内での仕事が少なく、産業といえば、ヒマラヤ山脈を目当てにした観光業か、または農業しかないような現状です。そのため、若者はインドや中東などへ出稼ぎに行かなければ、現金を獲得する手段がありません。

そんなネパール人から最近注目されているのが、日本です。当初はコックの技能で来日するネパール人が多かったのですが、現在は留学生が増えており、全体の3割を占めています。

コックの技能で働くネパール人が家族を多く日本に連れてきたため、家族

滞在の割合が多いのもネパールの特徴です。

　ただ、ネパールは技能実習、特定技能という就労系の在留資格において、他の送り出し国と比較すると大きく出遅れています。ネパール政府としても力を入れていこうとしており、今後は特定技能を軸として、日本への送り出しを強めていくのは間違いありません。

最近、インド料理店が増えてきたのはなぜ？

　最近ではもうインド料理店といわずに、インド・ネパール料理店、インネパ料理店などと呼ばれるようにもなってきました。その理由は、インド料理店で働いているほとんどがネパール人だからです。
　インド・ネパール料理店が増えているのは、実はそこで働くネパール人から多額のお金を徴収できる仕組みがあるからです。例えば、コックとしてネパール人1名をネパールから招聘する場合は、相場として1人100万～150万円くらいのお金を、働くネパール人が支払って雇用してもらいます。つまり、インド料理店はお店の売上だけでなく、そこで働くコックからもお金が徴収できる仕組みがあるということです。インド・ネパール料理店が、飲食店ではなく「ビザ屋」だといわれる理由がここにあります。
　そして、コックとして働くネパール人も、自身が独立してお店を持てば、ネパールからコックの技能でネパール人を連れて来ることができます。つまり、新たに来日するネパール人からお金を徴収できるので、過当競争になりながらもインド・ネパール料理店が増えていくというカラクリになっているのです。

6 多くの日系人が日本に定住しているブラジル

【ブラジルの基礎データ】
- **人口**：2億1760万人（2024年統計）
- **政治体制**：連邦共和制
- **首都**：ブラジリア
- **民族**：欧州系、混血系が多い
- **言語**：ポルトガル語
- **宗教**：カトリック65％、プロテスタント22％
- **在日ブラジル人数**：21万1840人（2023年末統計）

☑ 日本人と外国人の共生社会の縮図、保見団地

　愛知県の豊田市にある保見団地は、1990年代からブラジルなどから多くの日系人が移り住んできました。今でも住民の半数以上を外国人が占めています。最初は言葉や文化の違いから、住民とのトラブルが絶えませんでした。特にゴミ問題では大きく揺れ、「ゴミ団地」と呼ばれたこともあります。ただ、ここ最近は日本人と外国人が共同してお祭りやイベントなども開かれ、地域住民とのトラブルは解消されつつあります。

　現在では1990年代に来日した日系人の多くが高齢となり、社会保険未加入の在日ブラジル人も多くいることが新たな問題となりつつあります。今後、日本人と外国人が共に暮らしていく縮図が、保見団地から見てとれます。

　ブラジルが他の国と大きく違うのが、就労系の労働者はほとんどおらず、在日2世または3世といった日本人の祖先を持つ人たちが**定住者の資格を持って日本に在住をしている**という点です。以前は30万人を超える日系ブラジル人がいましたが、2008年のリーマンショックにより約8万人が帰国したとされています。

　現在、日系4世の人の受入れは厳しくなっており、来日するブラジル人は

減少の傾向にあります。しかし、日本で生まれ育ったブラジル人も多く、その人たちにどう活躍してもらうかは今後、他国においても増加していく在日2世の人をいかに戦力化していくかという課題につながっていきます。

 CASE　日系3世として来日。派遣業でお金を貯めてから、希望していた仕事に就けた

　日系ブラジル人の多くが、派遣スタッフとして工場などで勤務をしています。その理由としては、ブラジルでの滞在時に派遣業者と契約を結んで来日するためです。

　ブラジルでホームページ制作の仕事をしていたリチャードさんは、5年間の工場勤務後、いったん仕事を辞めて、アルバイトもせずに1年間、日本語学校に通学。日本語レベルN2に合格し、日本のIT企業に就職することができました。

　日本語というハードルをクリアすることで、自分のやりたかった仕事に就けたいい事例です。こういう事例を増やすことが、これから外国人を戦力化していくためのヒントになると思います。

7 イスラム教徒の受入れとなるインドネシア

【インドネシアの基礎データ】

- **人口**：2億7980万人（2024年統計）
- **政治体制**：大統領制、共和制
- **首都**：ジャカルタ（2045年にはヌサンタラに移転予定）
- **民族**：マレー系民族が大半を占める
- **言語**：インドネシア語
- **宗教**：イスラム教86%、キリスト教10%
- **在日インドネシア人数**：14万9101人（2023年末統計）

☑ 実は日本人に近い？ インドネシア人の特徴

インドネシア人は非常に寛容で怒らない民族で、日本人と近いカルチャーを持っているとされています。

コミュニケーションにおいて、ほのめかして伝えたり、含みを持たせながらはっきりと口にすることが少ないスタイルを「ハイコンテクスト」といいますが、最もハイコンテクストな国として、日本とインドネシアが挙げられています。ネガティブなフィードバックは避け、ポジティブなメッセージで包み込みながら、さりげなく、やんわりと伝えるという共通点があります。

その点では、日本人とインドネシア人はコミュニケーションをとりやすい民族同士であるといえます。ただ、インドネシア人の時間に関する感覚は、日本人と大きく違うので、その点は注意が必要です。

インドネシアの最大の特徴は、**世界最大のイスラム教徒の国**だということです。そのため、イスラム教徒を受け入れるという意識が必要です。ただ、バリ島にはヒンドゥー教徒が多いなど、国土が広く、人口も多いため、多様な価値観と宗教観があります。

第二次世界大戦後に、日本がインドネシアの独立に影響を与えたこともあり、親日の人が多いのも特徴です。
　インドネシアは技能実習生の受入れにおいて、人数を大きく伸ばしています。これは、ベトナム人を受け入れてきた建設業などにおいて、ベトナムからの候補者が少なくなってきたため、多くの受入れ企業がインドネシアに転換したことが要因となっています。
　また、2008年からのEPA（経済連携協定）での看護師、介護福祉士候補者の受入れの経緯もあって、特定技能においては、介護で勤務するインドネシア人が多いことも特徴です。

 お祈りをする場所がなく、階段でお祈りをしているインドネシア人

　インドネシア人の多くがイスラム教徒です。そして、イスラム教には多くの戒律があります。特に注意をしなければいけないのは、お祈りとハラールです。
　お祈りは1日5回と決められています。ある介護施設で働くインドネシア人は、お祈りをするための部屋がないため、階段で毎日お祈りをしているということでした。
　また、ハラールとは「許されたもの」というアラビア語で、イスラム教では豚やアルコールの摂取などが禁じられています。
　イスラム教徒を雇用する場合は、イスラム教のすべての戒律を理解することはできなくても、ある程度の宗教上の配慮をすることが必要になってきます。

8 内戦、混乱の中にある ミャンマー

【ミャンマーの基礎データ】

- **人口**：5500万人（2024年統計）
- **政治体制**：軍事政権
- **首都**：ネピドー
- **民族**：ビルマ族70%、その他多くの少数民族
- **言語**：ミャンマー語
- **宗教**：仏教90%
- **在日ミャンマー人数**：8万6546人（2023年末統計）

> ☑ **日本で働きながらも、**
> **ミャンマー政府に税金と送金強制される**
>
> 　ミャンマー政府は、外国で働くミャンマー人にも、所得税の納税を義務付けるという通告をしています。さらに、在外ミャンマー人には所得の25%を親族たちに送金することも義務としています。そうしたお金が国軍政府の収入源にもなることから、支払いを拒否している在日ミャンマー人は少なからずいますが、支払わなければパスポートが更新されない、ミャンマーに帰国できないという状況が出てきます。
>
> 　現段階では、日本の出入国在留管理庁としては、そういった事情も配慮して、パスポートの期限が切れていてもビザの更新ができるように対応していますが、まだまだ国内が内戦状態にある中で、今後ミャンマーの制度がどう変わっていくかは注視する必要があります。

　ミャンマーでは、2021年2月1日にクーデターがあり、アウンサン・サン・スーチー国家顧問の率いる国民民主連盟（NLD）が主体の政権が倒されて、ミャンマー国軍が全権を掌握しました。しかし、内戦状態が収まる気配は今のところ見えていません。そのため、ミャンマー国内では仕事はなく、多く

の若者が職を求めて海外へと出ていく状況が続いています。

　ミャンマーは内戦状態にあることから、「特定活動」(第2章8項)という特別な在留資格が認められています。

　2024年2月に、ミャンマー政府は徴兵制を始めると発表をしました。発表では男女が対象となっていますが、現段階では23歳から31歳までの男性が出国できないとされています。

　ミャンマーの状況は即日変更即日発行の政府通達で目まぐるしく変わっていきますので、注意が必要です。

 CASE　技能実習生として受け入れたミャンマー人が全員一斉に失踪

　ミャンマー人は緊急避難措置として、特定活動としての就労や在留が認められています。それを目当てとしたブローカーが、技能実習生として来日していたミャンマー人に失踪等を勧める事例が発生。ミャンマー人としても、特定活動になれば職場を選んで働けるという利点があるため、現在働いている場所から失踪し、その後、特定活動を申請するケースが後を絶ちませんでした。

　そこで日本政府としては、2024年10月から**技能実習生はその期間を修了した者でなければ特定活動に変更できない**と制度を改正しました。今後、ミャンマー人の技能実習生の失踪は減少していくものと想定されます。

9 農業人材が多く活躍しているカンボジア

【カンボジアの基礎データ】

- **人口**：1710万人（2024年統計）
- **政治体制**：立憲民主制
- **首都**：プノンペン
- **民族**：クメール人90%
- **言語**：クメール語
- **宗教**：仏教が多い。一部がイスラム教
- **在日カンボジア人数**：2万3750人（2023年末統計）

☑ クメール語を読めないカンボジア人がいる

　カンボジアは1976年から1979年までの4年間のポル・ポト政権によって、国民の4分の1に当たる170万人から180万人のカンボジア人が虐殺されました。そして、その虐殺の対象となったのが、博士や教師などの知識人でした。

　ポルポトは原始共産主義を標榜しており、教育、文化を徹底的に破壊。そのため、カンボジアでは今でも教育を受けられないケースや、学校が朝と昼の2部制で運営されているケースなどがあり、教育に関してのインフラが整っていない状況があります。

　カンボジアは、1990年代からフン・セン氏が首相として君臨して独裁傾向にあります。現在は次世代への権力移行の時期にさしかかっており、2023年に長男のフン・マネット氏が首相に選任されています。

　フン・セン政権は、中国がバックアップしていることもあり、カンボジアは中国への依存度が高い国といえます。フン・セン政権は一部の特権階級のみで富を独占しており、カンボジア人からは非常に不人気でもありますが、汚職と不平等によって特権階級からは支持されており、その政権が覆る可能

性は非常に低いと思われます。

　1970年代のポル・ポト時代を経て、1990年代まで内戦があり、識字率は他の東南アジアの国に比べて低い傾向があります。隣国であるベトナム人に関しては、歴史、影響上の観点から快く思っていない方が多いのが現状です。

農業で活躍しているカンボジア人

　カンボジアは技能実習生の割合が4%なのに対して、農業の技能実習生のうち10%近くがカンボジア人となっています。カンボジア人の割合が高い理由としては、農家出身の技能実習生が多く、農業で働きたいカンボジア人が多くいることがあります。また、ベトナムにおいて農業はあまり人気がなく、その代わりにカンボジアが選ばれているようです。カンボジアが農業に強いという傾向はしばらく続くものと考えられます。

10 これから増えていく可能性のある国

　これからも、日本で働く外国人労働者が増加していくのは間違いありません。ここでは、今後増えていくであろう国をまとめて紹介します。

【人口が爆発して増えている地域、南アジア】
　南アジアは人口が激増しているため、今後、外国人材の主要な送り出しは東南アジアから南アジアに移行すると予測されています。

・**インド**
　インドは14億5093万人と世界一の人口を抱える国です。宗教としてはヒンドゥー教徒が多く、カースト制度も色濃く残っています。IT人材が多く輩出されているのは、IT分野は最近になってできた業種なので、カースト制度の位とは関係なく仕事ができるという点が影響しています。
　現段階では、インド人は技術・人文知識・国際業務で日本に働きに来ているケースが多いですが、今後は技能実習、特定技能の送り出し国としても注目されるようになるでしょう。

・**パキスタン**
　パキスタンの人口は2億5126万人と世界4位の国です。パキスタン人の多くはイスラム教になります。これまでは、日本で就労するパキスタン人の多くは自動車輸出・販売業などでした。パキスタンは国として技能実習生を日本に送り出そうとしていますが、まだまだこれからという状況です。

・**バングラデシュ**
　バングラデシュは人口が1億7500万人ですが、国土は日本の4割ほどの面積しかなく、最も人口密度の高い国といわれています。宗教はイスラム教徒が多く、パキスタンから独立した当初は世界の最貧国でした。
　しかし、アパレル産業の誘致に成功することで、バングラデシュの経済は確実に上がっています。

ただし、バングラデシュでは若者の就職難がきっかけで、2024年8月には政変が起こっています。その若者の働き先として、日本が注目されています。

・スリランカ

　スリランカの人口は2203万人で、多くが仏教徒です。2022年に対外債務不履行（デフォルト）を宣言。食料品や医薬品の輸入も困難となったスリランカの経済状況は非常に悪く、国内では働き先がない状況です。スリランカからは留学生として、多くの若者が日本で働くために勉強しています。

【かつてはソ連領だった諸国、中央アジア】

　中央アジアとは、ウズベキスタン、カザフスタン、トルクメニスタン、キルギス、タジキスタンの諸国を指し、ソ連崩壊時にそれぞれが独立を果たしました。その中でも、来日人口が最も多いのがウズベキスタンです。

・ウズベキスタン

　3570万人と、中央アジアの中では最も人口が多い国です。そのため、送り出し国としては、中央アジアの中で一番注目されています。宗教は国民の93％がイスラム教です。ウズベキスタンは技能実習の送り出し国として積極的なアプローチをしてきています。

【東アジアの中でまだ残された国】

・モンゴル

　人口345万人と、これまで紹介してきた中では最も人口が少ない国です。ただ、多くのモンゴル人が仏教徒であり、日本人と見た目が似ていて親交も昔からあったことから、技能実習生においては昔から継続して受け入れられています。

　仕事としては、寒さに強いことから、建設業、牧場などで活躍しているモンゴル人が多くいます。

11 受入れ国を決めるときに考慮すべき宗教の問題

かつての受入れ先の多くは中国、ベトナムだったので、宗教についての配慮をあまりしなくてもよかったという点がありました。ただ、現在では多様な宗教の国が多くなっています。

☑ 宗教によっては男女で異なる特性がある

イスラム教では、金曜日の午後から集団礼拝をします。そのため、イスラム教徒の男性労働者はモスクに行くことを理由に、金曜日に休みを希望することがあります。

一方、イスラム教徒の女性はヒジャヴを被る習慣があり、ヒジャヴを取ることをとても嫌がる女性も多いです。イスラム教徒の受入れにおいては、男性、女性のそういった特性なども考慮しながら雇用をしていくことが必要です。

インドネシア、バングラデシュ、パキスタン、ウズベキスタンはイスラム教徒が多い国ですが、例えばインドネシアはバリ島に関してはほとんどの島民がヒンドゥー教です。南アジアに位置しているインド、ネパールも、国民の多くがヒンドゥー教です。

また、ミャンマー、スリランカは仏教ですが、日本とは仏教に対する信仰において大きな違いがあります。

仏教の宗教団体に強く勧誘されたネパール人

　ネパール人が仏教系の新興宗教に勧誘されて困っていると相談を受けたことがあります。仏教徒が多いというイメージから勧誘したのかもしれませんが、そもそもネパール人の多くはヒンドゥー教徒です。これまでは、そもそも宗教が違うので問題にはなりませんでしたが、今後、外国人に対する新興宗教の勧誘というのはますます増えていくと思いますので警戒が必要です。そういう勧誘には乗らないように、受入れ企業や学校は啓蒙していくべきだと思います。

　ここまで、主に宗教への配慮についてお伝えしましたが、日本人や日本企業がすべてを受け入れる、すべて言う通りにするというのは違うと思います。日本に来たからには、日本の文化にある程度順応していってもらわなければ、日本国内で新たな分断社会が生まれてしまいますし、実際に、欧州ではそういう問題が頻発しています。

　分断が起きる大きな要素となっているのが、やはり**言語の壁**です。相手の宗教について学ぶことは必要ですが、日本語を習得する努力を外国人だけに任せるのではなく、国や受入れ企業がバックアップしていき、お互いを理解し合う努力が、異なる宗教の人を受け入れるうえで重要なことです。

 なぜ豚を食べることができないのかと、しつこく聞かれるのが迷惑

　イスラム教の戒律は、私たち日本人からすると、きつくて窮屈という受け止められ方をされます。ただ、イスラム教が生まれ、発展した砂漠乾燥地帯で生きていくうえでは理に叶った戒律でもあります。
　また、戒律を守って生きているイスラム教徒にとっては当たり前のことなので、理由を聞いたりすることのないよう、心がけてください。

12 外国人労働者の国籍は統一するか、バラバラにするか

　技能実習の場合は、固定した国から受け入れるケースが多いですが、特定技能であれば、受け入れる国はさまざまです。あえて多様な国籍からの受入れをしている事業者もあります。なぜかというと、**コミュニケーションをとる言語を日本語で統一する**ためです。

　同国人ばかりになってしまうと、その言語でのやりとりが職場内で多く交わされることになり、管理する日本人としては、その会話が仕事に関係のある話なのか、私語なのかを判断することができません。そのため、あえて採用する外国人の国籍をバラバラにすることで、言語を日本語で統一しやすくするという思惑があるのです。日本語での会話がスムーズにできる外国人が多い外食業や介護業などで見受けられるケースです。

作業場でベトナム語を禁止して、現場が回らなくなった建設業

　建築資材置き場の勤務で、ベトナム人技能実習生を多く雇用しているが、会話をすべて日本語で統一している建設業者。しかし、日本語があまり話せない技能実習生が多く、作業効率が上がらないと現場からクレームがあり、ベトナム語での伝達も可ということにしました。
　統率を重んじる会社で見受けられるケースですが、実際には、技能実習生に伝達手段は日本語のみという規定を設けるのは無理があります。
　そもそも自社がどこまでの日本語レベルを求めて外国人を受け入れるのかは、あらかじめ確認して社内の規定を設けるべきです。

　たまに聞くのが、**外国語で悪口を言われていてもわからない**というケースです。しかし、それを禁止するのはあまりに狭量すぎないかと感じます。
　外国人にしてみれば、同国人がいるほうが安心しますし、その職場で働くモチベーションになりやすいという効果があります。

指導するうえでは、細かな点は母国語でないと伝達しづらいということもあるので、教育という点でも、なるべく同国人で揃えたほうが無難です。

　寮など生活面においても、国籍がさまざまだと、不都合が出てくる場合があります。違う国籍同士で同じ部屋に住まわせることは避けたほうがいいでしょう。そうなると、複数人での共同生活で空きが出たときにどうするかといった悩みも出てきてしまいます。
　もちろん理想は1人住まいですが、複数人で同居してもらう設定で寮などを考えているのであれば、国籍は同一で揃えることをお勧めします。
　ただし、同国人でまとめてしまうと、ベトナムであれば「テト」、ネパールであれば「ダサイン」などの時期に、一斉に一時帰国を要求されて現場の対応ができなくなるという問題も出てきます。
　すべての外国人が1年に1回は必ず母国に帰省したいということではないですし、時期を分散して休暇をとってもらうよう、雇用側がうまく対応していく必要があります。

CASE 技能実習生を中国からベトナムに変えたら、トラブルが多発

　中国人とベトナム人は、仲のいい関係とはいえません。それは、中国がベトナムを継続して支配してきた歴史があるからです。そのため、技能実習生の受入れが中国からベトナムに移っていったときに、先輩の中国人と新たに入ってきたベトナム人との間で、喧嘩やトラブルがよくありました。それは、ベトナム人を下に見る中国人の態度が原因としてあったからです。
　また、カンボジア人はベトナム人に対していい感情は抱いていないことが多いです。そういった国同士の関係性も、できる限り理解しておいたほうがいいでしょう。

13 国籍別向いている業種の徹底比較

　あくまで個人差があることが前提ですが、国によってこの仕事が向いている・向いていないということはあります。

　技能実習においては、製造業はまだまだ多くのベトナム人が勤務しています。ベトナム人は国民性として、コツコツと集中して取り組む業務が向いていると感じます。また、宗教上の配慮もあまりしなくてもいいので、飲食料品製造業では多くのベトナム人が活躍していますし、今後もその流れは変わらないと思われます。

☑ 飲食料品製造業で大幅増加のベトナム人技能実習生

　近年、技能実習生においては、ベトナムから、インドネシアやミャンマーなど他の国に受入れが移行していると思われています。確かに、業種によってはそうした傾向があるのも事実ですが、製造業に関しては、ベトナム人技能実習生は増加している傾向にあります。

　機械・金属関係製造業では、令和4年の2万232人から令和5年は2万4690人と、前年比122％となっています。また、食品製造業では、令和4年の2万9781人から令和5年の4万1599人と、前年比151％となっています。

　逆に、建設業や農業などの屋外での作業は、ベトナム人はあまり好まないという傾向があります。建設業に向いていると感じるのは、中国人です。中国人は体格がよく、力作業にも慣れている人が多いため、建設業に合っています。また、モンゴル人なども屋外作業の評価は高いです。傾向として、寒冷な時季がある国が向いていると感じます。

　また、ミャンマー人も、多くが建設業などの屋外での作業に従事しています。国内情勢が不安定で国内での仕事がないため、ミャンマー国内では日本語を学ぶミャンマー人が激増しています。日本語レベルの高いミャンマー人

が増えることで、今後は外食業、サービス業など日本語を使う仕事において、ミャンマー人の割合は増えていくものと想定されます。

　他の屋外の作業としては、本章9項でもお伝えしたように、農業に関してはカンボジア人の評価が高いです。

　ネパール人は元留学生だった特定技能者が多く、留学生からの移行ということで考えれば、飲食業が向いています。

　介護に関しては、EPA（経済連携協定）が開始した頃から、インドネシア人を多く受け入れてきた経緯があります。そのため、介護の現場では多くのインドネシア人が活躍しています。

　その他、フィリピン人は全世界でメイドとして活躍している女性が多いことが特徴です。フィリピン人は人の世話をすることに長けている民族性があります。

☑ 介護・看護に携わる人材を確保してきたEPA

　EPA（経済連携協定）とは、国と国の経済連携を図り、親密な関係を築くための協定となります。あくまでも経済活動を通じた国同士を連携することが目的で、介護・看護人材の不足に対応する協定ではありません。

　日本はEPAを通じてインドネシア、フィリピン、ベトナムから看護師や介護福祉士候補者を受け入れています。2023年時点での受入れ実績は3260人となっています。EPAは即戦力になる実力が必要で、入国対象者への条件が厳しく、受入れ人数の制限もあるため、特定の事業者しか対応できていないという現状があります。

【第 3 章参照】

『異文化理解力──相手と自分の真意がわかる　ビジネスパーソン必須の教養』エリン・メイヤー 著、田岡恵 監修、樋口武志 翻訳、英知出版、2015 年

『フィリピンパブ嬢の社会学』中島弘象 著、新潮社、2017 年

『カレー移民の謎 日本を制覇する「インネパ」』室橋裕和著、集英社、2024 年

公益財団法人国際人材協力機構（JITCO）ホームページ
https://www.jitco.or.jp/

出入国在留管理庁ホームページ
https://www.moj.go.jp/isa/

第 4 章

失敗しない
「採用」ノウハウ

EPISODE ④ 面接で聞いておけばよかった……。後悔しても、もう遅い

　温水(ぬくみず)は認知症に特化したグループホームを運営しているオーナーである。

　温水のグループホームでは2名のインドネシア人男性の特定技能者が勤務している。ところが、帰国を理由に1名が退職をすることになった。そうなると、早く欠員を補充しないといけない。

　また、**2名で2LDKのマンションを借りていた**(※1)ので、1名だけとなってしまうと、その家賃をどうするかという問題も出てきてしまうのだ。

　温水は、「今の住居に2人で一緒に住める方」という条件で、同じインドネシア人男性の特定技能者を雇用することを決めた。

　人材紹介会社から紹介されたのは、国内の特別養護老人ホームで勤務経験のあるアブドゥルというインドネシア人男性だった。オンラインで面接をすると、日本語での会話も問題なく、介護の仕事についても理解をしていた。将来は**介護ビザ**(※2)を取得して、日本に長く住みたいという。年齢的にも、残る特定技能者サプトラと同世代で20代後半である。きっと同じインドネシア人同士でうまくやってくれるだろうと思い、温水は早速採用を決めて、ビザの申請手続きにとりかかった。

　2カ月後(※3)、ビザが無事におりて、アブドゥルが入社をしてきた。温水は先輩となるサプトラに指導を頼んだ。サプトラもまた同じインドネシア人のスタッフができたことをうれしく感じてくれたようで、アブドゥルに施設の使い方などを丁寧に説明していた。

　温水は1日目の勤務を終えたあと、サプトラにアブドゥルについて聞いて

みると、サプトラは笑顔で言った。

「アブドゥルさんは、介護の経験が長いので、どんな仕事でも対応できています」

やはり、私の採用は間違っていなかったんだと、温水は満足だった。これで、当分は人手に困ることはないだろう。

ところが、しばらく経つと、これまでずっと明るく仕事をしてきたサプトラの様子がおかしいと感じるようになった。

勤務中に利用者と話すときもあまり笑顔を見せず、何より明らかだったのは、アブドゥルのことを明確に避けるようになってきたことだ。それに対して、アブドゥルの勤務態度はよく、何も不満を感じているようには見受けられなかった。

時間が経てば、同じインドネシア人同士、仲良くやってくれるだろうと思っていたが、その3カ月後、「退職したい」と言ってきたのはサプトラだった。

退職理由を聞けば、もう次の勤務先が決まっているからだという。サプトラは勤務経験も2年となり、施設にとっても貴重な戦力である。辞められるとなると、ダメージは大きい。

温水はひとつ思い当たることがあり、サプトラに聞いた。

「サプトラさんは、アブドゥルさんのことが嫌いなんですか?」

サプトラの態度に変化が生じたのは、明らかにアブドゥルが入社してからだった。

サプトラは、アブドゥルが嫌いだというわけではないが、と前置きをしてから、これまで溜め込んでいた不満を温水にぶちまけた。

「アブドゥルさん、ヒンドゥー教徒なので豚を食べるんです。冷蔵庫の中に豚肉が入れてあるし、私がいるときには絶対にやるなと言っているのに、豚肉を焼いて食べたりするんです。そのフライパンを洗わずにキッチンに置いたままということもあります。もう一緒に暮らすことが我慢できないです!」

109

温水はこれまで、「同じインドネシア人」という視点でしか考えていなかった。

　イスラム教徒(※4)は豚肉を穢れたものとして忌避する。温水にすれば、インドネシア人はみんなイスラム教徒なんだろうという勝手な思い込みがあった。

「それなら、最初から私に伝えてくれていたらよかったのに。教えてくれていれば、部屋を別に借りるなり、対応しましたよ」

　そんな愚痴ともとれる温水の言葉に対して、サプトラは冷淡に言った。

「宗教を理解してもらえないのは、とても悲しいことです。だから、私はここで働くことはもうできないと感じました」

　サプトラの決意は固く、温水は説得することは無理だと悟った。

　でも、アブドゥルと一緒に住めるインドネシア人を探そうと思えば、今度は同じヒンドゥー教徒を探さなければならない。サプトラに聞くと、アブドゥルはバリ島出身で、バリ島はヒンドゥー教徒が多いらしい。だが、日本に働きに来ているインドネシア人の中では、バリ島出身者は少数だということだった。そうなると、探すのは困難になる可能性がある。

　そういえば……

（前にネパール人から応募があったな。ネパールってヒンドゥー教だし、**一緒に住まわせても問題ないんじゃないかな?**）(※5)

　温水は、また大きな過ちを犯そうとしていることに気づいていない。

※1: 特定技能者の受入れで苦労をするのは住居の確保です。技能実習であれば一括採用の場合が多く、同時期に入国して、ほぼ辞めることもないので、住居は最初に確保しておけば、それ以降の対応はあまりありません。しかし、特定技能者の場合は、不定期の採用のため、「辞めたら住居をどうする?」「同居者はどうする?」という問題がよく起きています。

※2: 介護ビザは、介護福祉士の資格があれば取得できるビザです。介護ビザがあれば、介護の仕事をしている限り、永続的に日本で職を得て、家族を養うこともできます。介護の特定技能者として勤務する外国人の多くが、将来は介護ビザを取得して日本で働くことを望んでいます。雇用側がそうした要望に対応できるかどうかは、今後の重要な課題となります。

※3: 特定技能者の転職のビザの申請にかかる期間は、日本の在留者の場合はおおよそ2カ月程度です。同じ特定技能でも、必ず申請する必要があります。申請が通るまでは、特定技能のビザの有効期限内であったとしても、新たな職場で勤務することはできません。

※4: イスラム教には多くの戒律があり、それを理解して雇用しなければトラブルや退職につながるケースがあります。特に、食事の制限があるハラールやお祈りに関しては、配慮が求められます。

※5: 時々、異国人同士でも同居させるケースがありますが、それは本当にオススメしません。一時的な間借りのような形であれば仕方がないケースはありますが、その場合でも、一刻も早く同居状態を解消できるように対応しましょう。

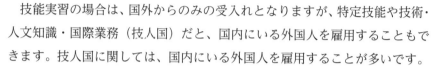

採用するなら国内か、国外か？

　技能実習の場合は、国外からのみの受入れとなりますが、特定技能や技術・人文知識・国際業務（技人国）だと、国内にいる外国人を雇用することもできます。技人国に関しては、国内にいる外国人を雇用することが多いです。

　特定技能については、国内、国外からの受入れは、割合で示すことは難しいですが、同じくらいではないかと思います。

　それでは、どちらからの受入れがいいのかというと、**自社が選ばれる自信があるなら国内のほうがいい**でしょう。

　選ばれるポイントは、いくつかあります。まずは、**給料**です。他と比べて高い給与提示ができるかどうかは、当然見られます。

　また、**場所**も重要になります。都会なのか、地方なのか。そして、どんな住宅を用意しているかも重要なポイントです。

　都会で1人暮らしができて、住宅手当も充実しているというのが、非常に集めやすい採用条件となります。

　国内で採用する大きなメリットとしては、やはり国外からの招聘よりも早く勤務を開始できることです。早急に採用したい場合は、とにかく条件をよくして、国内で集めるやり方がオススメです。

　また、国内在住の人であれば、どうやって日本で暮らせばいいかもわかっています。その点においても、日本在住者のほうが安心をして雇用ができるといえます

　ただ、多くの場合、そこまで他社と大差のある条件を提示できるわけではないと思います。そうなると、国内と国外、どちらから受け入れたらいいかは判断が分かれます。

　私自身が対応した会社も含め、さまざまなケースを見ていると、国内の転

職組と海外からの招聘組だと、国内からの転職組のほうが退職する割合が高いと感じます。日本人にも当てはまることですが、新卒と中途だと、新卒のほうが辞めない傾向にあります。これは、退職することにためらいがあるからであり、外国人にとっても同様です。特に特定技能者の場合は、転職先の会社でビザを申請し直さなければならないため、初めてだとより慎重にもなります。

　そうなると、外国人から選ばれづらい条件の場合は、**国外から受け入れたほうが定着率はよくなる**といえます。特に初動の待遇は悪いが、昇給や賞与などが充実していて、勤務年数が上がるにつれて条件がよくなるような給与規定を設けているのなら、国外からの採用のほうがいいでしょう。

　また、業種によっても変わってきます。外食業の場合は、日本の食文化を知らなければ戦力になるのに時間がかかることから、国内または海外からでも日本での在住経験のあるほうがいいでしょう。

　ただ、他の業種に関しては、日本での在住経験がないことが、そこまでハンデになるとは考えづらいです。そうであれば、国内、国外とも視野に入れながら雇用を考えることが、結果として多くの面接ができて、その中からいい人材を選ぶことができます。

日本に来るために受入れ企業を利用する外国人

　ベトナムからの応募者の例です。採用が決まり、入国の手続きをして無事に入国。ただ、勤務態度が非常に悪く、入国してからわずか1カ月後には退職を願い出てきました。どうも様子がおかしいと身辺を探ったところ、その特定技能者には、ある会社に勤める彼女がいました。その会社が、外国人は国内在住者しか募集の対象としていなかったのです。そこで、日本に来るためにまずは違う会社を経由しようということで、その会社の採用を受け、入社したことが判明。もちろん、かかった初期費用は全額、その外国人に支払ってもらってから退職となりました。

2 紹介事業者を利用するときに気をつけたいこと

　技能実習で外国人を採用する場合、まずは監理団体に依頼します。依頼を受けた監理団体は、その国の送り出し機関に要請して、候補者を選定することになります。

　特定技能者、または技術・人文知識・国際業務（技人国）の場合は、最も多い手段が人材紹介会社に依頼するケースです。特定技能の場合であれば、登録支援機関がその許可を有している場合が多いです。そこで、まず確認したほうがいいのは、紹介を依頼する事業者が**有料職業紹介事業の許可**を持っているかどうかということです。

　有料職業紹介の事業許可を持っていない場合は、人材を紹介する際に、紹介料をもらうことができない法律になっています。しかし、海外の送り出し機関から紹介を受けて、人材を斡旋してもらうケースも多く見受けられます。

　技人国の場合は、日本国内の仲介業者が介在しなくても対応ができるため、海外の送り出し機関から直接、人材を斡旋してもらうことがよくあります。ただ、外国の送り出し機関で日本の有料職業紹介の事業許可を持っているケースは非常に少なく、事業許可を持っていなければ、送り出し機関が紹介料として報酬を受け取ると違法となります。

　特定技能の場合では、日本の監理団体、登録支援機関であっても、まだ有料職業紹介の事業許可を持っていない場合も多くあります。この場合も、紹介料として一時金を受け取ると違法となります。

　一方、例えば、登録支援機関が必須で行わなければならない事前ガイダンス、空港や駅への送迎手配、同行費用、銀行口座開設、役所手続きの同行等に関して適正な一時金を受け取る場合は、違法とならない可能性があります。

　いずれにしても、有料職業紹介の事業許可がないのであれば、一時金の報酬の正当性を明らかにし、受入れ企業との契約においても、適切な支援業務

の範囲を明記し、**職業紹介の対価ではない**ことを示す必要があります。

　職業紹介事業許可証には、「**取扱い職種の範囲など**」という項目があります。国外からの労働者受入れをする場合には、その国から雇用できるようにするための届出をしなければなりません。
　ベトナムは、特定技能に関しては、送り出し機関を通して受け入れることが2国間協定で定められています。例えば、自社で勤務していた技能実習生を特定技能者として受け入れたいという状態でも、本人とのやりとりではなく、送り出し機関に依頼して、仲介を頼まなければなりません。
　インドネシアも、外国に人材を送り出す場合には、P3MIという事業者を通さなければならないことになっています。ただ、インドネシアでは、個人でやりとりをしている場合には、通さずに受け入れることが可能です。

　以上のように、その国ごとに、人材を送り出す手続きは異なります。それを理解したうえで、法律に則った受入れができるように対処してください。

CASE　外国からの人材紹介のほうが紹介料は安く済む

　ベトナムの送り出し機関から技人国で受け入れる場合には、日本語が理解できる程度であれば10万円の紹介料、全く日本語が話せなければ紹介料はなしといった契約で紹介してもらっているケースがよくあります。それは、送り出し機関が求職者からお金をもらっているので、企業側には請求をしなくてもいいというケースです。
　ただし、海外の送り出し機関が日本の有料職業紹介の事業許可を持っていることは少ないのが現状です。許可を持っていない事業者から受け入れた場合には違法となりますので、注意が必要です。
　特定技能に関しては、ベトナムでは送り出し機関を通さなければならないため、送り出し機関には一定の手数料を支払うことが必要となります。他の国であれば、そのような縛りはないので、送り出し機関と相談ということになります。

3 「日本人と同じでいい」は大きな間違い

　日本人しか雇用してこなかった企業が、外国人を雇用する場合、日本人と同じように考えてしまうことがあります。

　例えば、よくある勘違いが「**休みが多くて残業がない会社が選ばれる**」。確かに、日本人は給料よりもワークライフバランスを大事にする傾向にあります。私は求人広告の取り扱いもしているのですが、今や日本人の採用募集は、「完全週休2日制で土日休み、残業なし」が、大前提となっていると感じます。

　だからといって、外国人の受入れでも同じ意識で対応すればいいかというと、全く違います。

　外国人の場合は、あくまで**給料が高いかどうか**で判断します。最近は少しずつ変わってきている点もありますが、それでも給料が一番の目的であると捉えていいでしょう。

　さらに、日本人の感覚と大きく違うのは、外国人にとって**給料とは支給額ではなく手取り額**だということです。外国人に「今、いくら給料をもらっているのか」と聞くと、ほとんどの外国人が手取り額で答えます。

　それなら、どういう対応をすればいいかというと、**とにかく手取りを増やせばいい**ということになります。「残業なし」「週に2日の休み」が確保されているよりは、とにかく**総額の給料が高く、手取りが多い**ところが選ばれます。

　基本給を上げることはなかなか難しいというのであれば、残業や休日出勤をしてもらうことで、総支給額を上げ、そこから住居費や食費をどれだけ減らせるかなどを提案していきましょう。

CASE　残業が多い部署に外国人を配置する

　ある製造工場のケースです。日本人は昼勤のみで残業はなし、外国人は2交替の勤務で残業は1日2時間ありという勤務形態にしています。
　日本人の募集では「昼勤のみで完全週休2日制、残業なしの職場」とうたって募集をかけ、外国人の募集では「総支給額月収28万円は保証」で出したところ、日本人、外国人ともに人を集めることができ、定着もしているようです。

　気をつけなければならないのが、残業を1日1時間は必ずさせる約束で雇用したものの、思ったより忙しくないので、定時に上がってもらっているとなると、約束が違うということになってしまいます。
　最低でもこの残業時間なら確保できるときちんと設定したうえで募集をかけ、その残業時間は必ず守るようにしてください。

CASE　最初の話が違うと全員が退職に

　食品加工工場での特定技能者の受入れのケース。その工場では残業が全体平均で1日2時間ほどあったので、面接のときには、「残業1時間は保証をします」と伝え、特定技能者6名を雇用しました。
　ところが、その6名が来日した頃には仕事がだいぶ落ち着いており、毎日残業してもらうことは難しい状況に。会社としては、「残業が必ずあると伝えたわけではない」と主張しますが、「残業がないのなら辞めたい」と、結局1年間で6名全員が退職することになってしまいました。

4 リアル面接とオンライン面接では準備が違う

　コロナ禍前までは、雇用担当者が外国に面接に行くことは当たり前でしたが、近年はオンラインでの面接が増えてきました。しかし、強くお願いしたいのは、**一度はその国に足を踏み入れておく**ということです。

　自分の五感でその国について感じ取ることができなければ、その国の人を正しく理解するのは難しいと思います。外国人とのコミュニケーションも、一度訪れたことがあれば、それだけで話が盛り上がります。

　とはいえ、面接に毎回行く必要はありませんし、最近はオンライン面接で対応しても、そこまで不都合はない状況になっています。ただ、やはりリアルで会う面接とオンラインでの面接は違いますので、オンライン面接で踏まえるべきポイントを、本項ではお伝えします。

☑ オンライン環境を整える

　オンライン面接で、受入れ企業とつながると、会議室の全景が画面に映っているケースがあります。それだと、応募者からすれば、相手の顔が見えず、今、誰が話しているのかわからない……ということになってしまいます。

　会議室で対応するのはメインの担当者だけにして、他のメンバーは自分の机でオンライン参加をすれば、皆さんの顔がしっかり見えて、面接もスムーズに進みます。

　採用面接は、こちらだけが選ぶ側ではなく、相手も選ぶ側です。それを理解して、顔のちゃんと見える面接環境を設定しましょう。

　オンラインだと、世間話をして会話を弾ませるのが難しいということがあります。それならば、あらかじめ聞きたいことを**ヒアリング用紙で事前に渡しておく**のも、ひとつの手です。

面接時には、その回答用紙を見ながら対応すると、少し突っ込んだ話もしやすくなり、そこから話が弾んだりもします。

　リアルの面接では、職場を一緒に見て回ったり、実際に仕事の体験をしてもらったりなど、自社についてリアルに感じてもらうことができますが、オンラインだと、そうはいきません。
　そこで、最も有効に使えるのが**動画**です。すでに新人教育用や採用募集用の動画があれば活用できますし、なくても**スマホで仕事風景を撮影**すれば、それで十分代わりになります。
　職場や仕事の動画を見せてから、何か質問はないか確認すると、その仕事を本当にやりたいと思っている人材であれば、何らかの反応が返ってきます。特に相手が全くの未経験であれば、動画で見せることは有効なので、ぜひ試してもらえればと思います。

「うちの仕事がわかるから」と協会の動画を見せられた

　現場関係の受入れ企業で、「仕事がわかるような動画はありませんか？」と聞くと、「協会が出している動画があるので、それを見てもらえればわかる」と、60分近い動画が送られてくることがありました。しかも、どの作業がその受入れ企業の仕事に近いのか、全くわからない。これでは、自社について知ってもらえるわけがありません。
　仕事風景の動画なら、普段仕事をしている様子をスマホで撮ればいいのです。どんな仕事風景を撮ったらいいかわからないということでしたら、「入社したばかりの人にまずやってもらう仕事の様子を撮ってください」とお願いしています。加えて、面接時に「これが、あなたにやってもらう最初の仕事です」と伝えると、相手はより具体的に仕事のイメージを持つことができます。

5 通訳の立場を理解する

　外国人を面接する際に、相手が日本語を話せるのであれば問題はありませんが、日本語でやりとりするのが難しいケースには、通訳を依頼することになります。

　通訳の手配は、技能実習であれば送り出し機関が、特定技能、技人国であれば紹介会社、登録支援機関が基本的には対応します。

　このときに念頭に置いていただきたいのは、送り出し機関でも、紹介会社でもそれぞれ思惑があって通訳を手配しているということです。その思惑というのは、**絶対に採用してもらいたい、この人を採用してほしい**といった思惑です。

　つまり、通訳を通してヒアリングをしたときに、その返答が通訳の思惑によって曲げて伝えられる可能性があるということです。ある程度、そういうことが起こりうると想定したうえで、ヒアリング内容を考えましょう。

　例えば、「重たいものが持てますか?」「仕事は大変ですけど、大丈夫ですか?」といった質問に、「私はできません」と答える候補者はほとんどいませんし、仮にそこで応募者が不安を述べたとしても、通訳の段階では、**「大丈夫です」**という返答に変わる可能性があるということです。

　それでは、どんなヒアリングをすればいいのかというと、**本人を知ることができる質問**です。例えば、故郷のことであったり、これまでのキャリアであったりなどです。通訳が間に入りながらも、和やかに面接ができる状態をいかにつくるかが、リアルにしてもオンラインにしても面接では大事だということを理解して臨んでもらえればと思います。

　また、自社に同国人の先輩がいるのであれば、その先輩に同席してもらうのも、面接がスムーズに進む工夫のひとつです。相手のことをより理解しや

120

すく、こちらの考えも伝えやすくなります。

　リアル面接でもオンライン面接でも、いずれにおいても言えるのが、決めるのは自分自身だということ。**通訳や同国人の先輩スタッフに決定を委ねてはいけません。**あくまで自分が判断するための情報を仕入れるために、通訳や先輩スタッフに同席をしてもらうのだという認識は必ず持っておいてください。

　それを意識するための一番大事なポイントが、**通訳を見ずに、必ず応募者を見て話す**ことです。通訳者の思惑を挟ませないためにも、自分はこの人に直接語りかけているのであって、通訳には自分の話す言葉をそのまま訳してもらうのだと心がけてほしいと思います。

 CASE　同国人の先輩スタッフに仕事の内容を説明してもらったら、全く違う話に……

　私が同席していた面接現場で、実際にあった話です。技人国でベトナム人を雇用する際のオンライン面接で、同国人の先輩スタッフに同席してもらいました。社長が、ベトナム人の先輩スタッフに、自社の仕事の内容をベトナム語で伝えてほしいとお願いしたところ、「この会社は給料が本当に安いから、やめておいたほうがいい。社長はケチで、自分の好きなお店に連れて行って奢ってやったとか言うが、私たちはうれしいと思ったことなどない。だから、私は来月には辞めるつもりだよ」と、ベトナム語で伝えたのです。

　社長はそんなことを言われているとは全く思わず、にこやかに「理解できましたか?」と尋ねましたが、この面接がうまくいかなかったのは言うまでもありません。

6 採用面接のヒアリングで 気をつけること

　採用面接は、あくまで相手の人間性を見る場であるということは、心がけてほしいと思います。よく尋問口調で質問ばかりする面接担当者がいますが、それだとお互いを理解することができません。

　前述したように、外国人が日本で働きたいと思う動機は、**お金を稼ぐため**です。キャリアアップしたいとか、専門知識を身につけたいとか、さまざまな理由を述べるとは思いますが、一番の動機はお金を稼ぐことです。

　そこでヒアリングしたいのが、「**稼いだお金で、何がしたいのか**」ということです。

　親孝行をしたい、弟妹を学校に入れてあげたい、将来日本に住むためにお金を貯めたい……など、お金がほしい理由は、その人それぞれにあります。

　そこを深掘りすることで、その外国人の本質が見えてきます。突っ込んで聞いても何も出てこなかったら、それは取ってつけた理由だったということになりますし、それで合否の判断をすればいいということです。

　また、「日本になぜ来たいのか？」という問いかけに対して、「**日本の文化が好きだから**」という返答が返ってくることが多いです。面接担当者としては、日本の文化、つまり歌舞伎や茶道や生け花のようなことかと思うかもしれませんが、実は理解が異なります。

　外国人は、**便利で安全な社会**というのが日本の文化と捉えている人が多いと理解するといいでしょう。

　一方で、日本のアニメが好きで日本に憧れを持っているという外国人もたくさんいます。「どんなアニメが好きか？」などを聞いていくと、そこで話が弾むケースがあります。

　万国共通で通じるアニメは、「ドラえもん」です。最近は「呪術廻戦」や「鬼

滅の刃」が好きという外国人も多く、海外において日本のアニメが浸透していることを感じさせられます。

また、スポーツでいえば、サッカーはどこの国でも人気なので、サッカーの話で盛り上がることもよくあります。

面接は会話のキャッチボールであり、**和やかな雰囲気の中でしか本質は見えてこない**という意識を持って臨んでもらえればと思います。

 お互いの趣味が同じで採用に

ネパール人4名との合同オンライン面接。その中で一番日本語が拙いネパール人がいて、この人は採用されないだろうと思っていると、面接担当者がサッカー好きで、そのネパール人もイギリスのサッカーチーム「マンチェスター・ユナイテッド」が好きだということで、サッカーの話で盛り上がりました。

このとき採用されたのが、一番日本語が拙いそのネパール人だったのです。これは、贔屓したとも捉えられるかもしれませんが、採用後も同じ職場で働くのですから、同じ趣味や共通の話題を持った人と働きたいというのは、当たり前の感覚としてあります。

相手の好きなことや、心の内にある思いを聞けるような環境を採用面接の場でつくっていくことが大事だと思ったケースでした。

7 採用面接で聞いても意味のないヒアリング

　採用面接に立ち会っていて非常に多いのが、
「こんなに大変な仕事ですが、大丈夫ですか?」
「忙しいけど、大丈夫ですか?」
　という質問です。
　応募者はどうにか受かりたいと思って面接に臨んでいるので、「大丈夫です」としか答えません。

　まず、「はい」か「いいえ」で答えられる**クローズドクエスチョンは聞いてもあまり意味がない**ということは理解しましょう。
　クローズドクエスチョンが有効なのは、面接が最終にさしかかる場面です。
「あなたは、当社で頑張ることができますか!」
　などと、聞くというよりは、最後に覚悟を問う意味で使うと効果的です。

 CASE　この面接者は誰かに指示されているのかな?

　オンラインで面接をしていると、視線が上向いたりすることがあります。そのような場合、相手先の送り出し機関が「こう話せ」と、面接者に指示を出していることがあります。そういう意味でも、クローズドクエスチョンはあまり意味がないのです。採用面接では、相手に自分の言葉で話してもらうことが何より大事です。そのためには、どんな質問をすればいいのかを考えながら取り組んでいきましょう。

「長く働いてもらえるのか」
「日本にどれだけいるつもりなのか」
　について聞くのも、あまり有効ではありません。

まず、外国人は日本人と違って、将来設計を明確に立てたり、長期的な視野で判断している人は多くありません（これは日本人も同じかもしれませんが）。

そして、国によっても、その考え方が変わってきます。

ベトナムや**インドネシア**なら、自国が経済成長していくという自覚があるので、将来的には、日本と本国のどちらで働いたほうが自分にとってメリットがあるのかを考えています。

ネパールや**ミャンマー**なら、自国での明るい展望がなかなか見通すことができないため、何が何でも日本に住むためにはどうすればいいかを考えて動きます。

ただ、どちらの場合にも言えるのが、**当面は日本でがむしゃらに働きたい**ということなので、長く働いてもらえるかどうかは、自社がその外国人にとって働きやすい、待遇がいい職場であるかどうかで判断をされるのだ、と理解してください。

 志望理由で「すべて金です」と答えて不採用に

非常に流ちょうな日本語を話すベトナム人の例です。志望動機として、「すべて金です」と答えたことに対し、受入れ企業の社長はその返答に不満を持ち、不採用としました。

本人としては、「仕事は金を稼ぐためにやるもの」という矜持もあったのかもしれませんし、私もその思いを否定するものではありません。しかし、日本人としては、回答に仕事のやりがいや、将来設計を求めたりしがちです。

「こちらが納得できる返答ではなかったから不採用」ではなく、そう思う動機についても聞いてみてほしいと思います。面接は確認の場ではなく、共感接点をつくり出す場なのだという認識を持ってもらえればと思います。

8 注意したほうがいい外国人材

　外国人は、日本人に比べ自己主張をする人が多いです。これは当たり前のことだという認識を持って、採用面接に臨みましょう。

　ただ、「まだ働いてもいないのに、ここまで主張をしてくるか」と思うくらい、主張が強すぎる人がいるのも事実です。そういう場合は、かなり自意識が高い人ですし、入社してからも主張を超えて苦情が多いといった問題が出てくるので、その人の主張は筋が通っているのかどうかを見極めながら、採用を判断しましょう。特に、面接時から高慢な態度の外国人は論外です。

　ただ、マナーがなってない、敬語ができないなどについては、あとから指導で変えていくことができる部分です。例えば、帽子をかぶりながら面接を受ける面接者は、単純にマナーを知らないからなのか、あるいは元来が横着な人間なのか、判断していくことが必要です。

　そして、特定技能で雇用する場合に注意したいのが、**高学歴**であることです。高学歴なら、仕事を覚えるのも、日本語を習得するのも早いのではないかと思われるかもしれません。確かに、その通りです。しかし、懸念すべきなのは、大卒のレベルであるということは、**実は技人国での雇用を望んでいる**ことが多いということです。

　入社後、違う会社で技人国の在留資格で採用してもらえたということで、早々に退職してしまうケースは少なくありません。高学歴の外国人を特定技能で雇用をする場合は、そういうリスクがあることを理解しておきましょう。そして、どうやったら自社に定着してもらえるかも考えて、雇用することが大事です。

CASE　外食の特定技能から外食の技人国へ

　外食の特定技能者としてミャンマーから入国した大卒のミャンマー人。入社してから半年後に、次の職場を見つけたからと退職を申し出てきました。次の職場も同じ飲食店ですが、在留資格は技人国で雇用してもらえるとのこと。本来なら、ホールやキッチンなどの現場で働くのは技人国の仕事の範疇ではないし、ビザが取得できるかどうかわからないと説得しても、本人は大丈夫だの一点張りで聞き入れてもらえず、退職となってしまいました。

　また、特定技能の場合は、**生まれた子どもの家族滞在は認められていません**。子どもが生まれた場合には、それにどう対応していくのか、といった問題が出てきます。技人国であっても、生まれたばかりの子どもを抱えて異国の地で暮らすのは簡単なことではありません。その点を考慮して雇用するのも、受入れ企業として大事な判断です。

 CASE　妊娠がわかり、いったん帰国してもらった事例

　飲食店で女性の特定技能者を雇用したケース。入社して半年で妊娠がわかったのですが、本人は働けるだけ働いて、育休をとることを希望していました。ただ、受入れ側としては、ホールで足を滑らせたり、キッチンで重いものを持ってもらったりなど、身重の状態で飲食店業務を継続していけるのか、もし何かあった場合には、こちらの責任問題になるのではないかなどを懸念。そこで、本人との協議のうえ、いったんはベトナムに帰国し、無事に子どもを産んでから、また日本に戻ってくるということになりました。

9 雇用条件のつくり方

　外国人を受け入れるにあたって、どの事業者もまず考えなければならないのが、**雇用条件の整備**です。

　まず、技能実習であれば、住宅の初期費用や渡航費、生活する最低限の備品などは受入れ企業が準備することが決められています。しかし、特定技能、技人国に関しては義務ではないので、その初期費用をどこまで負担をするかを取り決める必要があります。

　応募者は、初期費用をどれだけ支払わなければならないのかを気にしますし、曖昧なままで雇用を進めていくと、あとでトラブルになるケースがあります。

　国内から受け入れた場合はこうする、外国から受け入れた場合はこうするといったルールをつくっておきましょう。

　次に考えなければならないのが、住宅手当です。住宅手当なしの会社もありますが、外国人雇用の場合、それだと募集をかけてもいい人材を採用することは難しいでしょう。

　外国人の雇用条件の作成において、生活面でのサポートをどう考えていくかは大変重要になってきます。この点が、日本人と大きく違うと思います。

　それを踏まえながら、外国人を雇用するうえでの自社の条件を決めてください。

月額1万円の「日本語手当」を別途支給

「日本語手当」を別途支給している塗装会社の事例です。日本語検定N2を取得すれば、資格手当として月額1万円を別途支給するというものです。そのための勉強も、仕事が終わってから日本人の社員たちが教えたりもしています。

結果的に、この塗装会社では、入社3年目になると多くの技能実習生が日本語検定N2を持っているという状態に。

特に日本語での連携が欠かせない職場や、日本語でサービスをする仕事の場合は、日本語を学ぶことによって手当がもらえる仕組みをつくることは、**仕事の効率化**という面でもメリットがあると思います。

以前は、技能実習生であれば最低賃金で設定するのが当たり前でした。しかし、ここ最近は同一労働同一賃金が唱えられているので、その水準に見合った雇用が前提となっています。

ただ、日本人と外国人とでは勤務内容や、日本語能力によって任せることのできる業務が限定されていたりすることもあるので、同等の条件にするのは非常に難しいケースもあります。

その場合には、**就業規則を新たに作成し直す**方法があります。外国人を雇用した場合に就業規則をつくり直す際に申請できる、**人材確保等支援助成金（外国人労働者就労環境整備助成コース）**もあります（詳しくは第7章7項）。そういった助成金なども活用しながら、今後、外国人の雇用を継続していくための社内環境の整備を進めていってください。

10 通勤を前提とした社内規定になっていないか？

　これまで日本人しか雇用していなかった場合は、通勤を前提として考えているため、会社の近くに引越しをしてくる想定で社内規定を設けていない場合があります。特に小規模な会社では、社宅や寮であったり、住宅手当などを設けているケースは多くはないかと思います。

　しかし、外国人の場合は国内であっても引っ越しをして勤務するケースが多いですし、海外からの招聘であれば、必ず住居を用意しなければなりません。

　よくあるのが、住宅手当がないというケースです。しかし、住宅に対する補助が何もない会社だと、応募者自体が来ないということにもなりかねません。

　そこで、頭の切り替えをしてみましょう。住宅手当が出せないという会社に私がおすすめしているのは、**通勤交通費を住宅手当として支給する**ということです。

　公共交通機関で出勤する場合は、交通費はおおよそ1万5000円から2万円くらいが相場です。その金額に相当する分を、住宅手当として設定するのです。

　その場合は、あくまで交通費のかからない勤務地の近くに住むことが条件となります。そこで、もし自分で部屋を借りて交通費が発生するようになったら、「住宅手当ではなくて、交通費支給に変わる」という形です。それなら、これまで交通費の支給だけだった日本人から見ても、外国人が優遇されているとは感じない規定の変更方法となります。

　もうひとつ、やり方として考えられるのは、**住宅手当、交通費を一律の金額にして支給する**というケースです。これまでの遠方から通うことを想定した規定ではなく、金額を一律にすることで、逆に近い場所に引っ越してくれば優遇されるという手段をとる企業も出てきています。

130

遠方から通勤する人材を雇用することが難しくなる、というデメリットはありますが、メリットとしては、一律の金額にすれば会社の近くに住んでもらえる可能性が高くなります。会社としては、近くに住んでもらったほうが、何かあったときには当然、対応しやすくなります。

　そして、雇用される側にとっても、会社が自宅から近いというのは、通勤という面で大きなメリットになります。特に外国人比率が高くなっている企業などは、この方法を取り入れたほうが採用もしやすく、定着率を上げることもできます。

 交通費を支給しているが、どうやら会社の近くに越してきているようだ

　留学生をアルバイトで雇用しており、遠方からの通勤のため、交通費を支給しています。ただ、最近はバスに乗って帰っているようには見えません。そこで、その留学生を問い詰めると、近くに友達が住んでおり、その友達の部屋から通っているといいます。なので、交通費をゴマかしているわけではないと主張はするのですが、本当かどうかは判断できません。

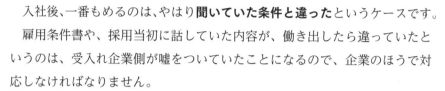

入社後、一番もめるのは、やはり**聞いていた条件と違った**というケースです。

雇用条件書や、採用当初に話していた内容が、働き出したら違っていたというのは、受入れ企業側が嘘をついていたことになるので、企業のほうで対応しなければなりません。

しかし、よくあるのが、受入れ企業側は入国在留管理局（入管）に提出した雇用条件書通りに対応していたのに、外国人労働者側が、それでは最初に聞いていた話と違うといって揉めるケースです。

最初にどう言い交わしていたかにもよりますが、入管に提出する雇用条件書は受入れ企業、特定技能者ともに非常に読みづらい形式であるため、申請時に作成されたものを、そもそも双方がちゃんと目を通していないということがあります。

そういった「聞いていた話と違う」を回避する手段としては、やはり面接時や採用決定時に、雇用条件の確認をきちんと行なうことです。たとえオンライン面接だったとしても同様です。

このとき、わかりにくい雇用条件書で行なうのではなく、確認しておくべき必要事項を記載した書類を受入れ企業側が作成し、お互いで確認すると確実です。

以下は、特に確認しておくべき事項です。参考にしてください。

- **給与**：特に固定残業が含まれている場合は、その条件も詳細に確認する。
- **住居**：住宅手当だけでなく、初期にかかる費用はどちらの負担になるのかも明記する。
- **勤務時間**：シフトについて明記する。
- **休日**：月にどれだけ休めるのかを記載する。

上記のポイントを、お互いに納得のいく形で理解しておけば、その後の話の食い違いはかなり回避することができます。

　受入れ企業としては、こうした必要事項を明記した書面をつくっておき、共有できる状態にしておくと、今後の対応もしやすくなります。

　また、雇用するにあたっては、身元保証人問題がありますが、外国人にとっては、日本在住の身元保証人を立てることは難しいということを、くれぐれも理解しておきましょう。

　身元保証人を日本在住者に限定してしまうと、来日したばかりの外国人労働者は誰に頼むこともできません。身元保証人を立てられなかった場合でも、採用を取消にする権限は企業側にはありません（就業規則に明記されていて、事前に提示している場合はその限りではありません）。

　2020年4月に民法が改正され、身元保証契約の際に賠償額の上限を決めることが必要となり、それがない場合は無効となります。これにより企業側としては、身元保証書に上限を記載するか、身元保証人の制度自体を廃止するという選択が求められます。

　また、身元保証人を監理団体、登録支援機関に求めてくるケースもありますが、それは監理団体、登録支援機関ともに義務ではなく、受けなければならない業務ではありません。

12 勤務する場所について説明しているか？

　日本人の雇用であればほとんど必要なく、外国人、特に海外から来日する外国人の雇用の場合に絶対に必要なこと、それは**採用時に、自社の場所がどんなところにあるのかを伝える**ということです。

　日本人であれば、「秋田は寒いところ」と知っていますが、外国人にはわかりません。また、外国人労働者は、基本的には会社の最寄りの場所に住むため、会社の近くが生活圏ということになります。事前に会社の立地について説明しておかなければ、「こういう場所だとは知らなかった」ということで退職してしまうことがあるので注意しましょう。

 CASE　こんなに寒いとは知らなかった……

　技人国で招聘されて、秋田県の監理団体で勤務をしているベトナム人。「こんなに寒いとは想定していなかった。特につらいのが雪の時期で、雪なんてベトナムでは経験したこともないし、車を運転するのも怖くて仕方がない」ということで、もっと暖かい場所に移り住むために転職先を探しているそうです。

　都会と田舎とでは、やはり都会で働きたい外国人が多いものです。地方は、募集をする側にとっては不利になります。特に車がないと生活ができない地域は、車のない外国人にとっては生活が非常に厳しくなります。
　そうであれば、外国人労働者が車を持っていないことを前提としたサポートをしていきましょう。例えば、自社からの公共交通機関の利用方法を丁寧に説明したり、「何か買い物があるときは、スタッフが車を出しますよ」といった点をしっかり説明して、なるべく不安・不満をなくすための対応が必要です。

寮から一歩も出ることができない……

　ネパールから招聘されて、岐阜県の山奥の介護施設に配属された女性。寮は施設に隣接しており、そこからスーパーまで行くのにも、自転車で1時間はかかります。来日してもう3カ月になりますが、電車やバスにも乗ったことがなく、施設周辺から出ることがないそうです。同国人にも全く会うこともできないので、もっと交通の便がいいところに転職したいとのことでした。

　前述した通り、外国人を雇用するうえでは、「地方より都会が有利」といわれますし、それは確かにその通りです。ただ、それは都会に憧れて都会に住みたいというよりは、コンビニが近い場所がいいとか、生活が便利とか、同国人が多く住んでいる地域のほうがいいなどの理由なので、決して大都市志向というわけではありません。

　例えば、家賃が抑えられるとか、食べ物が安く手に入るとか、地方ならではのよさをアピールして、雇用・定着に結び付けていきましょう。

 一軒家を借りて、複数の外国人に住んでもらっている

　外国人を受け入れる際に、空き家になっている一軒家を借りて、住居にしている会社。格安で借りているので、住居費はタダにして、水道光熱費だけを徴収しています。野菜や米なども地域の農家さんから安く仕入れられるので、それを無償で外国人に支給しているそうです。「住宅費タダ、食材支給で手取りが増えます」とアプローチすることで、不便な場所であるにもかかわらず、応募者多数で採用もでき、定着率もいいとのことでした。

13 定着を優先するか、即戦力を優先するか?

技能実習であれば、3年間は勤めてもらうというのが大前提になります。そのため、採用した人材を固定戦力として見込んで仕事をしてもらいたいという場合は、技能実習というのは、受入れ企業にとって非常にメリットがある制度です。

ただし、技能実習の場合は外国からの受入れとなり、日本語は話せないケースがほとんどです。そして、仕事に関しても全く理解のない外国人の受入れとなります。そのため、戦力になるまでの期間が当然ながらかかりますし、日本語でどう指導するのかという問題も出てきます。

特定技能においては、日本語能力N4レベル以上が要件とされているため、ある程度、日本語が理解できる人材を雇用することができます。そして、技能実習修了者であれば、その仕事の経験がある人材を雇用することもでき、即戦力として見込むことができます。ただ、特定技能者は転職できますので、定着してもらえるかどうかがポイントになります。

技人国は、日本にいる転職者なら、日本語もできる即戦力を雇用できますが、外国からの招聘だと、日本語もつたなく、作業も全くの未経験という人材となります。

定着を優先するのであれば、技能実習での受入れが一番いいことは間違いありません。日本語ができなくても、まずは簡単な作業から始めてもらえればいいという製造業では、それが大きなハンデになることもありません。

即戦力を採用したいということであれば、すでに特定技能または技人国で日本に在住している外国人を受け入れることによって、仕事の経験があり、日本語もある程度でき、日本の生活にも慣れているという人材を雇用するこ

とができます。特に日本語での会話ができることが要件となる飲食店、ホテル、サービス業などは、そういった人材を雇用するメリットは非常に高いでしょう。

また、介護に関しては、専門のビザである、**介護ビザ**もあります。逆に介護においては、技人国での採用はハードルが高いので、特定技能か介護ビザで働ける人材を確保していくのが最もいい採用手段かと思います。

結論としては、定着を優先するのなら、なるべく縛りの強い在留資格、即戦力を優先するのなら、縛りが緩い在留資格という理解でいいと思います。

定着を考えるなら、元技能実習生と元留学生、どっちがいい？

　これまで私は、会社が雇用・育成、そして定着させていくのであれば、元留学生より、元技能実習生がいいと考えていました。元技能実習生は3年間継続して働いてきたのだから、退職のハードルが高いのではないかと思ったからです。しかし、いざ蓋を開けてみると、実は元技能実習生のほうが退職するのが早いと実感しています。つまり、技能実習生は制度で縛られていただけだったということです。

　今は、どちらがいいかではなく、その仕事をある程度わかっているほうがいいと受入れ企業に伝えています。製造現場であれば元技能実習生のほうがわかっていますし、飲食店であれば、留学生のほうがわかっているケースが多いです。業種によって、どちらがいいかは変わってきますが、あとは本人次第というしかありません。

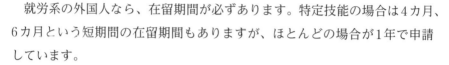

在留期間の確認とビザの申請

　就労系の外国人なら、在留期間が必ずあります。特定技能の場合は4カ月、6カ月という短期間の在留期間もありますが、ほとんどの場合が1年で申請しています。

　技人国の場合は3カ月、1年、3年、5年となっています。そして、一番退職が増えるタイミングがいつかというと、**在留資格の更新直後**です。

　外国人としては、現在勤務をしている会社で行なったほうが更新しやすいことをわかっているので、更新してから転職に動き出すケースが多いのです。

　特定技能の場合、同業種であれば、まず在留資格の更新はできますが、それでも今いる会社で申請したほうがスムーズなので、まず更新できてから、次の転職先を探すようです。新たな転職先が決まれば、そこで改めて申請することになります。

　技人国であれば、新たに申請する必要はないので、特定技能よりも次の職場に移るのは簡単です。

　外国人にとって、ビザの有効期限というのはとても重要なことです。雇用側も、そういう認識を持って対応することが賢明です。

　ビザの申請をする場合は、基本的には行政書士に頼んで申請取次をしてもらいます。ただ、自社で申請をすることもできるので、以下にポイントを説明します。

・**特定技能のビザの申請**

　特定技能の場合は、必要な書類が多数ありますが、申請書類が揃ってさえいれば許可は出ますので、自社で申請することは可能です。

　ただ、自社で働いているアルバイトを特定技能者にしたい場合は、必ず**課**

税証明書を提出してもらいましょう。そこで、どう見ても週28時間以上働いているような年収額の場合だと、オーバーワークの可能性があるので、その場合は行政書士に相談をしたほうが無難です。

　ただ、その点さえ確認できれば、あとは自社で提出書類を揃えることができますし、書類の不備があっても追加提出で対応できます。

・技術・人文知識・国際業務のビザの申請

　技人国のビザの場合は、少し複雑になります。まず自社の仕事において技人国で採用できるのか、その外国人の学んできたことが自社の業務において活用できるのか、専門学校生か4年制の大学生かなどによって、申請が通る難易度も全く変わってきます。そうなると、申請が困難になる場合も少なくないため、行政書士に依頼したほうがいいでしょう。

　また、転職者の場合は、在留期限がまだ先であれば更新手続きをする必要はありません。ただ、次の更新のため、また自社の仕事に合っているかどうかを確認するという意味でも、**就労資格証明書**はとっておいたほうがいいでしょう。

　上記の2つの申請については、国内在住者とすでに勤務している外国人の場合です。国外から招聘する場合は、その国によって制度の仕組みが違うため、情報をしっかり持った監理団体、登録支援機関、行政書士などとの連携が必要になります。

15 Facebookアカウントを持とう

　外国人を採用するうえで意外と重要なのが、SNSです。海外にいる場合は当然のこと、日本にいる外国人の場合でも、SNSのやりとりができなければ連絡がとれないことがあります。

　なかでも利用されているのがFacebookです。
「Facebookって、もうあまり使われていないんじゃないの？」と思っている日本人が多いのですが、SNS利用者数から見ると、世界では現在もFacebookが一番多く使われています。

　実際の統計として、日本のFacebook利用者は2600万人で、利用者数トップで9500万人のLINEはもちろん、XやInstagramよりも少ない利用者数となっています。一方、海外では、Facebookの利用者数は29億人といわれ、2位のYouTubeの利用者数25億人を大きく引き離して、最も使われているSNSです。逆に、日本で1位のLINEはほとんど使われていません。

　私自身も、外国人とのやりとりは、ほとんどFacebookのメッセンジャーで行なっています。中国はWeChatのほうがいいかもしれませんが、それ以外の国なら、Facebookのメッセンジャーがやりとりしやすいツールだと思います。

　また、外国人を受け入れる際に、Facebookアカウントの投稿を見ることで、その人がどんな人物かを把握することもできます。

CASE　雇用したベトナム人と連絡をとる手段がない

　印刷会社の社長からのご相談。家族滞在のベトナム人をアルバイトで採用しましたが、そのベトナム人は携帯電話番号を持っておらず、連絡の手段としてはFacebookのメッセンジャーを利用しているとのこと。しかし、社長はFacebookのアカウントを持っていないため、紹介してもらったベトナム人

を経由してやりとりするしかなく、特に急に休むといったときの対応の場合、伝達が遅れるので非常にやりづらいとお悩みでした。

　外国人は携帯電話番号を持っていないことが多いので、本人が使い慣れているSNSを利用するといいでしょう。

　日本に来たことがない外国人は、LINEのIDを持っていません。入国してからLINEのアプリを入れたとしても、LINEを確認する習慣がないので、送ったメッセージを見たかどうかを確認しても、見ていないということも多いのです。

　もちろん、業務上、グループLINEを活用している場合は慣れてもらう必要はありますし、本人がLINEを見る習慣があれば問題はないかもしれませんが、連絡をとる手段としては、本人が最も使用しているSNSでやりとりするのが一番です。

 いったん帰国したベトナム人と連絡がとれない

　新店舗をオープンするにあたって、これまで一緒に働いていたベトナム人を特定技能者として雇用することを約束。そのベトナム人が一時帰国をしたのですが、いつ戻ってくるのかとLINEで何度もメッセージを送るものの、全く既読にもなりません。ずっと待たされたあげく、結局戻ってこないと言われ、急きょ新たに人を探さなければならなくなりました。LINEを見る習慣がなかったために起きたケースです。

　海外からの受入れをするにあたって、外国へ足を運ぶことも多くなっていくと思いますが、海外では固定電話を使うケースはまずなく、現地でのやりとりではLINEはほぼ使われないという状況で、不便なことも多いです。やはり、Facebookアカウントを持っておくことをオススメします。

第 5 章

日本人とは違う
「教育」ノウハウ

EPISODE ⑤ 日本語ができると聞いていたのに、全然理解できないじゃないか！

　田中は建設現場の職長を任されている。そこに、インドネシア人の技能実習生2名が配属されてきた。

「ネコ、直しとって」^(※1)
　そう指示しても、技能実習生たちはどうすればいいかわからず突っ立ったままだ。
「自分らさあ、俺が話してんの、聞こえてへんのか。聞こえとるんやったら、さっとと動かんかい。ケツ決まっとるんやぞ！」^(※2)
　そう怒鳴りつけても、インドネシア人たちはキョロキョロと辺りを見回すだけだ。田中の怒りに火がついていく。
「わからへんねやったら、わからんって言わんと、こっちもどうしたらええか、わからんやろがい！」^(※3)
　社長からは、今回の実習生は日本語を理解できる人材を受け入れたと聞いていたのに、全く理解できないじゃないか。この前も、「道具を全部片づけといて」と言ったら、全部ゴミ箱に捨てられていた。

「あいつら、あかんわ。どんな指示出しても全然理解でけへんわ」
　呆れて田中は、若い職人の望月に言った。
「ルスワンさん、そこにある一輪車を、倉庫に持っていってください。ムルティさんはここにある鉄筋を、2階に持っていってください」
　望月がどこに持っていくかを指さしながら^(※4)、2人に指示を出すと、2人のインドネシア人は、助かったという表情を浮かべて、それぞれが作業に

とりかかった。

　田中はポカンとした表情で2人の動きを見ていた。

「望月は、あの2人と意思疎通できるんか？　テレパシーでも使っとるんか」

「いやいや、あの2人、普通に日本語理解できますよ」^(※5)

　そんなアホな。俺の指示には理解する素振りを全く見せんぞ。きっとあの2人は、自分よりも望月のほうを信頼しているのだろう。というか、俺のことが嫌いだから、わざとわからないという態度をとっているのかもしれない。

　そう思うと、田中はますます腹が立ってきた。それなら、こっちにも考えがある。職長を怒らせたらどうなるか、身をもってわからせてやるからな。

第5章　● 日本人とは違う「教育」ノウハウ

※1: 自分は専門用語だと思っていなくても、それが業界でしか使われていないという用語は数多くあります。まずは、その用語が世間一般で使われているのかを確認することが大事です。

※2:「ケツが決まっている」「口がかたい」「腹が据わっている」などの慣用句は、外国人にはわかりません。使わないようにしましょう。

※3: 関西弁は特に外国人にとってはわかりづらいようです。方言はどこの地域にもありますので、自分が普段話している言葉には方言が混じっているという認識が必要です。

※4: 身ぶり手ぶりを交えて、指をさしながら指示を出すようにすると、外国人には理解しやすくなります。

※5: あくまで一般的な話ですが、若い人のほうが外国人とのやりとりは柔軟に対応できていると感じます。その点も配慮しながら、誰に指導役を任せるのかを考えたほうがいいでしょう。だからといって、現場の人間にすべて任せるのではなく、自分も関わっていくという姿勢を大事にしてください。

145

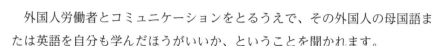

会話で伝えたいときの注意点

　外国人労働者とコミュニケーションをとるうえで、その外国人の母国語または英語を自分も学んだほうがいいか、ということを聞かれます。
　「もちろん、それが苦ではない場合は、ぜひ勉強して話せるようになってください」とは伝えますが、実際に習得した人に私は会ったことがありません。言語を学ぶということは、それだけハードルが高いのです。
　それよりも心がけたいのは、**外国人労働者が理解しやすい日本語**でコミュニケーションをとることです。
　外国語を習得するのには年月が必要ですが、日本人がやさしい日本語で話すことは、今すぐできますよね。ただ、日本語が母国語でない相手にわかりやすく話すというのは、実は結構難しいもの。そこで、以下にいくつかコツをご紹介します。

・**丁寧語で話す**
　方言がある地域の場合、無意識に話すと、多少なりとも訛りが入ってしまいます。方言をなくすために、丁寧語で話すのは有効な方法です。
　しかし、丁寧すぎても逆効果です。過度な尊敬語や謙譲語は、逆にわかりづらい言葉になってしまいます。「です」「ます」「ください」など、カンタンな結語を使うだけで十分です。
　特に面接の際などは、企業側もかしこまって難しい敬語を使ってしまいがちなので、注意しましょう。

・**業界用語を使わない**
　業界の人が当たり前のように使っている言葉でも、それが一般的に使用されているとは限りません。日本人なら、会話の流れやニュアンスで、ある程度理解できるかもしれませんが、外国人にとっては全く理解できない用語になってしまいます。それが、仕事をしていくうえで多用する言葉であれば、

きちんと意味を教えて、覚えてもらうようにしましょう。そうすることで、仕事を円滑に進めていくことができます。

・オノマトペを使わない

　オノマトペ（擬音語、擬態語）は、音の雰囲気でニュアンスが伝わるものもあるかもしれませんが、世界各国でさまざまですので、なるべく使わないように注意しましょう。例えば、「機械からギーギー音がする」は、「機械から変な音がする」などと言い換えるようにします。

・慣用句や方言、カタカナ外来語を使わない

「足を運ぶ」という表現が「訪れる」という意味になることは、外国人には普通わかりません。文字通りではない別の意味になる慣用句は使わないことを心がけましょう。

　以上のポイントを意識して話すだけで、外国人にとって、かなり理解できる日本語になると思います。

　さらにやさしい日本語を理解したいということであれば、最適なテキストがあります。『**みんなの日本語**』（スリーエーネットワーク）です。これは、外国から労働者として来る外国人の多くが学ぶ日本語のテキストです。外国人がどんな日本語だとわかりやすいのかを知りたい方にオススメします。

☑ ハサミの法則

　やさしい日本語を使うポイントとして、「ハサミの法則」というのがあります。

「はっきり言う。最後まで言う。短く言う」

　この頭文字を取って「ハサミの法則」と呼ばれています。自分の日本語が伝わりづらいと感じたときには、「ハサミ」という言葉を思い出して、できているかを意識しながら話すと、相手の理解度は変わっていくはずです。

2 文字で伝えたいときの注意点

　日本語は外来語をカタカナで書く慣習があるため、外国人に文字で伝えるときに、ついカタカナで書いてしまがちです。
　しかし、実は外国人はひらがなよりカタカナのほうが読めない場合が多いのです。

在住外国人の認識可能文字

ひらがなが読める	84.3%
カタカナが読める	75.2%
ローマ字が読める	51.5%
漢字が少し読める	48.5%

※参照:文化庁「日本語に対する在住外国人の意識に関する実態調査」

　上記の調査結果を見ると、カタカナよりひらがなのほうが、外国人が読める割合が高いことがわかります。入国直後であれば、その差はより顕著になります。どの外国人も、**日本語を学ぶときは、ひらがなから学ぶ**からです。漢字にふりがなをふるときにも、カタカナではなく、ひらがなでふるようにしましょう。
　また、ローマ字を読める人が意外に少ないこともわかります。ローマ字は日本独自の文化です。アルファベット表記なので外国人も読めるだろうと勘違いしてしまいがちなので、注意しましょう。
　文字で伝えるときには、なるべくひらがなを使い、やさしい日本語を心がけるようにしてください。

　なお、漢字はなるべく避けたほうが当然いいのですが、覚えておいたほうがいい漢字というのがあります。

代表的な例でいえば、日々頻繁に使う**自社や業界の専門用語**です。まずは、これらの漢字の上にルビをふって、漢字を「記号」として慣れてもらうように教育しましょう。

　そして、**災害や緊急時に使われる漢字**も覚えてもらいましょう。「避難」「警報」「非常階段」などがそれに当たります。同じく、ひらがなのルビをふって覚えてもらうようにしましょう（詳しくは第8章5項）。スタッフの命を守る企業の責務です。

> ☑ **特定技能2号になるために漢字に慣れさせておく**
>
> 　特定技能の在留資格を持つ多くの外国人が、今後は特定技能2号を目指すようになります。特定技能2号の試験問題に使われるのは、漢字を含めた日本語のみとなりますので、日本語が読めなければ、なかなか試験に受かりません。
>
> 　何より、日本で生活をしていくうえで、日本語が読めないというのはハンデとなります。日本での生活や仕事に慣れてきたら、少しずつでも読み書きができるように指導していくことも必要です。そのためにも、「将来、特定技能2号になるために、読み書きを覚えようね」とやる気を促していくこともひとつの手です。

第5章 ● 日本人とは違う「教育」ノウハウ

3 誰が外国人を指導するのか？

　外国人を雇用した場合に、誰が、どう指導するのか、という問題が出てきます。これに関しては、**自国の先輩スタッフ**が指導するのが有効です。

　同国人の存在は、入社したての外国人にとって心強いものです。また、継続的に同国人を雇用していくのは、会社の階層ピラミッドを構築していくうえで、有効な手段です。

　ただ、このとき注意しなければならないのが、**外国人スタッフに任せきりにしない**ということです。

　本人が目の前にいるにもかかわらず、同国人の先輩や、日本語がうまい外国人スタッフに指示を出す。これは、その外国人にしてみれば、自分への指示であるにもかかわらず、どうして別の人間に伝えるのだという不満につながります。

　そして、日本人の上司や、会社に不信感が芽生えると同時に、外国人労働者のコミュニティの中で不協和音が芽生えてきてしまいます。

　日本語ができる同国人が立場が上になると思われるような状況は好ましくありません。指示の意図を正しく理解してもらうために、日本語ができる外国人スタッフは貴重な存在です。そうしたスタッフが働きにくくなっては本末転倒です。あまり外国人スタッフに頼りすぎず、上司自身が「やさしい日本語」で伝わる指示ができるように心がけてください。

　指示を出す際に注意してほしいのが、**私があなたに指示を出している**ということを明確にすることです。前述したように、人を介した伝達では伝わりません。直接、その外国人に指示をしてください。その場合には、なかなか日本語が伝わらないと諦めないことが大事です。身ぶり手ぶりで理解できることは多くありますし、実際の仕事であれば、目で見て覚えることも多いで

しょう。まずは「やってみせ、させてみる」を繰り返せばいいのです。

　なるべく自分で伝える努力をしたうえで、それでも細かな指示を正確に伝えたい場合には、やはり母国語での伝達が必要になってきます。その場合には、横に通訳してもらう同国人についてもらうとしても、通訳のほうではなく、外国人労働者本人の目を見て話すようにしてください。「あなたに伝えたいのだ」という思いが相手に伝わることが何より大事です。

通訳を頼んでいた外国人スタッフが仲間外れにされてしまった

　ベトナム人を複数人雇用している企業の事例です。ベトナム人労働者の中で一番日本語ができるAさんに、業務上の伝達などをやってもらっていました。しかし、やがてAさんだけが社内で浮いてしまい、他のベトナム人との仲が悪くなってしまった、というケースがありました。
　他のベトナム人からすれば、Aさんが自分たちに命令してくるような感じがして、決して気持ちのいいものではありません。まずは、きちんと指導者が指示し、それでも理解できなければ、日本語のできるベトナム人に通訳を頼む……という手順を正しく踏まないと、そうした問題が生じてきてしまい、やがて優秀なスタッフの退職にもつながりかねません。

4 そのルールは本当に必要か？

外国人が働きづらい会社としてよく挙げられるのが、**ルール重視の会社**です。

特例や、少しの差異も許されない日本の企業体質は、令和の時代となってもまだ見受けられます。私も経営者なのでわかりますが、ルール重視の統率型の運営ができたほうが経営側としては楽です。ルールで縛れば、社員全員の方向性を一致させることができ、業績も伸ばしやすいという利点があることは私も承知しています。

そうした従来型の組織運営をそのまま引き継いでいきたいのなら、今後も日本人だけを雇用したほうがいいでしょう。それこそ、新卒の学生だけを採用することで、徹底的に同質性を求めるという会社もあります。

しかし、それだと採用できない、人が集まらないから、外国人を雇用しようとしている会社が多いのではないかと思います。

CASE 初の外国人雇用。朝礼での発表が嫌で退職してしまった

初めて外国人を雇用した製造工場でのケース。スタッフ同士が互いの理解を深めるため、人前で発表できるスキルを身につけるためという目的で、朝礼で、みんなの前で1人ずつ簡単なスピーチをする時間を設けていました。しかし、入社した外国人はあまり日本語が上手ではなく、朝礼で発表を強制されることを非常に苦痛に感じたようです。それだけが理由ではありませんが、結局、退職してしまうことに……。

この工場の意図は理解できるのですが、朝礼でのスピーチが、他の日本人スタッフにとっても負担になっていなかったか、以前からの習慣を惰性で続けていなかったか、継続する意義は本当にあるのかなど、検討の余地はあったと思います。外国人を受け入れるタイミングで、自社のこれまでのルールを見直すきっかけにしましょう。

私が見ていて思うのは、バリバリ仕事をしたい、残業や休日出勤もいとわないという外国人労働者の仕事観は、40代、50代の日本人にとって、今どきの日本人の若者よりも合うのではないかということ。それなら、あえて厳しいルールで縛ったりせず、ある程度の裁量を持たせながらやるなど、試行錯誤しながら育成していってもいいのではないでしょうか。

　従来のルールを堅持することに固執して、会社の成長や発展を妨げてしまっては、意味がありません。外国人雇用をうまく活用するのであれば、惰性で続けているが結果が伴っていないようなルールや、単なる士気の鼓舞のためといった、結果が見えづらいルールは一度見直してみましょう。

　検証したうえで必要なルールだと判断した場合には、どうしてそのルールが必要なのかを外国人労働者に説明できるようにしてください。

見えないバックヤードでは鼻歌OKに

　ベトナム人を多く雇用している飲食店。お客様から見えるところではNGですが、厨房やバックヤードでの鼻歌はOKとしています。気分がいいときには鼻歌が出て、接客にもいい印象を与えるサービスができているそうです。

　これは、ベトナム人の気質を活かしたいいルールだと思います。のびのびとやれる環境をいかに工夫してつくり上げていくかが、外国人の戦力化には求められます。

5 とにかく「曖昧さ」をなくそう

　外国人労働者に対して要領の得ない長い話や、回りくどい言い回しは絶対NGです。とにかく簡潔に伝えるということを徹底して意識しましょう。自分が伝えようとしている言葉に曖昧さはないか、常に意識して対応をすることが大事です。

　これは、雇用しているスタッフだけでなく、海外の取引先や外国の送り出し機関や仲介役の外国人などとのやりとりにおいても同様です。日本の商習慣に慣れてしまっていると、どうしても曖昧に断るということをしてしまいがちですが、外国人相手だと、それでトラブルになったり、関係性が崩れることがあります。**「いらない」「今回はダメだった」**など、はっきりとした意思表示を言葉で伝えることが大事です。

　よくやってしまうのが、何か言いづらいことを伝えるときに前置きが長くなること。例えば、面接の際に給料が安いという自覚があるときや、賞与が払えないときなど、その理由を長々と説明してしまいがちです。
　しかし、長い説明は外国人は理解できません。日本人はマイナスなことを言うのが苦手な人が多いですが、簡潔に、正確に伝えることが大事です。

　基本的には、**まず結論を伝える。**そのあとで、それがどうしてなのかの理由を説明します。もし不満があれば、外国人側から質問が返ってくるはずです。そのときに、真摯に返答し、納得してもらうようにしましょう。
　特に大事なことは、**相手に趣旨が伝わっている**ということです。とにかく、説明が長くなることは避けてください。

　また、Yesなのか、Noなのか、よくわからない返答も外国人を困らせま

す。代表例として挙げられるのが、「**大丈夫です**」という返答です。これでは、「大丈夫です（OKです）」なのか、「大丈夫です（不要です）」なのかがわかりません。相手の都合のいいように捉えられてしまう可能性もあります。

社内のスタッフ相手でも、海外の取引先相手でも、外国人が迷わない、明確な返答をするように心がけてください。

 どう受け取ればいいのかがわからない……

外国人労働者が上司に業務の相談に行ったところ、「今は忙しいから」といって、放置されてしまいました。外国人からすれば、「忙しいから、今はダメなのか、それとも、忙しくても対応してくれるのかがわからない」のです。

実は、これはよくあるお困りごとです。日本人には「最後まで言わなくても察してくれ」という文化がありますが、外国人にとっては、非常に判断しづらいものです。「最後まで伝える」ということを意識して実践しましょう。

☑ **二重否定はNG表現！**

「しないわけではない」「ダメというわけではない」といった二重否定も、外国人にとっては非常にわかりづらい表現です。この場合は、「します」「OKです」で簡潔に言い換えられます。二重否定をせずに、シンプルに伝える。これを徹底しましょう。

6 外国人が動きやすい指示の出し方

仕事の指示をするときに、ついやってしまうのが**いくつもの指示を同時に出してしまう**ことです。

日本人の経験者であれば、複数の指示を頭の中で整理して実行することもできますが、日本人でも新人であれば、パニックになる人も多いでしょう。ましてや外国人であれば、なおさら難しいはずです。

指示の仕方次第で、業務の効率も、質も、労働者のモチベーションも大きく変わります。以下にいい指示を出すポイントをお伝えします。

・優先順位をつける

一度にいくつも指示を出すのではなく、優先順位をつけて伝える意識を持ってください。そして、いきなりすべてを言うのではなく、一番大事なことから伝えていきましょう。忙しい業務の中で面倒に感じるかもしれませんが、ちゃんと伝わっておらず、指示モレがあるよりマシです。

・短く、簡潔に伝える

とにかく長いセンテンス（文章）で伝えないということを意識してください。一文はなるべく短く、要点はシンプルに指示するようにしましょう。

・「あれ」「これ」「それ」を多用しない

「あれを持ってきて」「それをここに置いといて」など、指示語を多く使用していませんか？ 日本人であれば、近距離を指す「これ」、遠距離を指す「あれ」などが「あうんの呼吸」で理解できますが、外国人が推察して判断するのは難しいことです。

「Aという部品を持ってきて」「部品が積まれてある棚に置いておいて」など、何を、どこで、どうするのか、具体的に伝えるようにしてください。

・ショートメールで伝える

外国人に指示を出すにあたって、ショートメールの活用は有効です。いく

つかの指示を出したいときなどは、ヌケモレなく伝えられるので、有効です。
　ショートメールで指示を伝えるときに、長く書く人はほとんどいないでしょう。指示は簡潔に、何通かに分けて送ります。具体的には、**①まず、やってもらいたいことを簡潔に送る**、**②注意してほしいことを連続で送る**という形で分けて送ると、指示の意図を理解してもらいやすいです。

　そして、指示を出したらそれで終わりではありません。日本人の場合は、何度も確認されることを嫌う傾向がありますが、外国人の場合は、それが当たり前だという意識があります。「この件がどうなっているか」「どこまで進んでいるか」という確認はその都度しましょう。そうしないと、「全く進捗していなかった」「違う方向性に進んでしまっていた」など、取り返しのつかない事態につながってしまうこともあります。
　外国人との対応においては、「伝えてあるから、大丈夫」という思い込みは非常に危険です。明確に指示し、入念に確認することが必要です。
　これは、雇用者だけではなく、取引先の外国人との対応においても、常に念押しすることが大事です。

CASE　月曜にアポがあるのを忘れられてしまった

　ある会社の経営者の失敗談です。ベトナム人経営者に月曜日に会いに行くことになっていて、その前の週の金曜日に、再度確認のメールを送りました。しかし、約束の月曜日に訪問したら、ベトナム人経営者は外出中だったのです。あわてて電話すると、「その日だと思ってなかった」と言われて、結局会えずに終わってしまいました。
　私なら、必ず当日の朝に再確認のメールを入れます。外国人とのやりとりにおいては、こういった入念さが必要になります。

7 やる気を高める コミュニケーションのとり方

　外国人とのコミュニケーションで最強の方法は、**その国の言葉で話す**ことです。やはり、自分の国の言語を覚えてもらえる、母国語でやりとりができるというのは、外国人から信頼を得る一番の方法です。

　また、こちらも外国語を習得する難しさを身をもって知ることになり、外国人労働者の大変さが理解できるようになります。

　とはいえ、前述したように、外国語を話せるようになるのは非常に難しく困難な道です。何よりもまず実践していただきたいのは、**相手の国を徹底して理解する**ことです。

　外国人労働者としては、会社の経営者や上司が自分の国に興味を持ってくれるのはうれしいことですし、自分の国のことを語るのは誇らしい気持ちになります。

　もし、よく知らないのなら、逆に外国人労働者にいろいろと聞けば、コミュニケーションをとるきっかけにもなります。

CASE　料理の話でコミュニケーションも弾む

　ベトナムで最も有名な料理といえばフォーです。フォーなら食べたことがあるという人も多いと思います。ただ、ベトナム人にとっては、「フォーっておいしいよね」というのは言われ飽きてもいます。そこで、その人の出身地域の名物料理、例えばベトナム中部出身の人ならブンボーフエなど、地元の料理を調べて話をふってみると、話が弾みます。

　ただし、その国のことを話題にするといっても、政治の話は避けたほうがいいでしょう。例えば、中国やベトナムなどは統制国家で言論の自由がなく、政府の批判などはできません。他の国でも、大なり小なりそういった話題の

ようなものはあります。

　特に経営者という立場になると、なかなかスタッフとコミュニケーションをとることも難しくなってくると思います。それならば、スタッフに対して1日に1回は声をかけることを意識してみましょう。
　特に外国人にとって、社長は特別な存在です。経営者からの声がけは外国人にとってのモチベーションを高めることにつながります。

CASE　社長から「期待している」と言われて頑張る外国人労働者

　日本人と外国人では、社長に対する敬意の持ち方は違うと感じます。外国人にとって、社長はとてもえらい人であり、その立場になったことに対して、日本人よりも敬意を払ってくれます。
　そのため、1日1回でいいので、社長から声をかけるというのは、外国人労働者のモチベーションを高めるのに非常に有効な方法です。「元気か」「頑張っているか」、そんな一言でもいいので、声がけをしていきましょう。

8 外国人に伝わる叱り方

　私がリクルートという人材系企業でサラリーマンをしていたときによく見た光景として、社内の士気を奮い立たせるために、1人を多くの面前で叱るというものがありました。仕事が一番できない人間を標的にするというわけではなく、「この人間ならわかってくれる」という暗黙の了解のもとで標的にされるケースも多かったように思います。

　私自身も、その役割を担ったことがあります。しかし、当時の私はそれに腹を立てるというよりは、それによって奮い立つ部分がありました。

　日本では「連帯責任」という考え方もあります。自分ができていても、全員ができてないのだから、あなたにも責任があるという考え方です。ただ、ここまで私が述べたことは、「パワハラ」という言葉がなかった時代の話ですし、もはや相手が日本人でも外国人でも、今の日本社会においては適用しないものだとは思います。

　特に外国人は、人の面前で叱られることに対しては、日本人以上に屈辱を感じます。そのため、叱るときには、みんなの目の前ではなく、個別で呼び出して叱る、といった配慮が必要になります。

　ただ、最近の叱れないという風潮もどうなのか、という感覚は抱いています。もちろん感情に任せて怒るのはいけませんが、怒っていることを素直に伝えることも大事です。

　外国人を叱るときには、**「私は怒っています」**というメッセージをきちんと伝えることが大事です。日本人なら、相手を怒らせてしまったかもしれないと、雰囲気から空気を読むことができますが、外国人がそういう気回しをすることはありません。ですので、相手にはっきりと、こちらの意思を伝えることが必要なのです。

日本人と外国人がパワハラと感じる定義は違います。むやみな暴言は当然NGですが（怒号や体罰は違法行為です）、叱ることに対して臆病になる必要性はありません。

　叱るときに意識したいのは、**結論を先に持ってくる**ことです。
　日本人を叱るときには、いきなり本題に入らずに、まず当たりさわりのない会話をしてから、注意に入るというケースがよくあると思います。しかし、外国人の場合、それは有効ではありません。何に対して怒っているのか、よくわからなくなるからです。
　外国人を叱るときは、まず初めに注意したいことを伝えてから、それがどうしてダメなのかを説明していくという順番が非常に大事になります。

 注意をしたつもりが、全く想定していない返答に

　外国人留学生を雇用しているコンビニ。外国人留学生が少しだけ遅刻することが多く、遅れるたびに、一緒にシフトに入っている日本人の主婦パートから苦情が入ります。オーナーは留学生を呼び出して、主婦パートから苦情が入っていることを伝えてから、時間通りに来るように注意すると、反省どころか、「店長さん、大変ですね」という思いもよらぬ返答が返ってきたそうです。これは、オーナーがパートからの苦情に困っているということが本題だと、外国人留学生が捉えたために起きたズレです。叱るときには、最初に要件を伝えるということを意識するようにしてください。

　叱るときに、「なんで」「どうして」を立て続けに繰り返して追及するのは、非常によくありません。問い詰めるような叱り方をしてしまうと委縮して、ほとんどの外国人が沈黙するか、私は悪くない、と言い訳に終始してしまいます。そして、どうなるかというと、「**失敗をしたら隠す**」です。「どうして今回のようなことが起こったのか。それを解決する手段はないのか」ということを、冷静に話していくことが大事です。

9 外国人に伝わる褒め方

　部下と接していて、どういう場合に褒めればいいのかと悩む人も少なくありません。その理由としては、経営者や上司からすると、**その業務はできて当たり前**という意識があるからです。褒めて、この程度で満足されたら困るという意識もあるかもしれません。

　しかし、スタッフは会社のために仕事をしてくれています。外国人スタッフに関していえば、海外からはるばる来て、自社で働いてくれているのです。そこに、まずは感謝の気持ちを抱くことから始めましょう。

　とはいえ、スタッフに対して「ありがとう」と伝えるのは、かしこまって照れくさいという人も多いでしょう。「ありがとう」を言いやすくするコツは、**丁寧語で接する**ことです。

　普段の口調だと感謝の言葉を伝えるのはなかなかできなくても、丁寧語で話すと、「これをやってくれたんだ、ありがたいな」と感じたら、「ありがとうございます」という言葉が出てきやすくなります。

　ちなみに、逆に叱るときにもこれは有効で、丁寧語で接していると、暴言を吐くのはなかなか難しいものです。叱り方がきつい方は、部下と接するときには、とにかく丁寧語で話すように心がけるといいかもしれません。

　よく丁寧語で接していると距離が縮まらないのではないかと聞かれることがありますが、距離を縮めることが必要かどうかを考えてください。職場で一緒に働く人たちは、友達ではなく仲間であるべきだと思います。そして、友達と仲間との大きな違いは、同じ目標に向かって進んでいるかどうかです。

　大事なのは、共通の目的に向かって進んでいけているかどうかです。共通の目的が何なのかを社内でしっかり共有する。そして、その目的に対して、結果が出たときには褒める環境ができているというのが、組織として一番いい状態なのではないでしょうか。

褒め言葉というのは、何か結果が出たときにかけるものですが、そこで大事なのは、結果だけでなく、**そのプロセスもしっかり褒める**ことです。そうすることで、相手もプロセスも見てくれていた、頑張りを評価してもらえた、ということで努力が報われた、と感じるはずです。
　または自分でも気づかなかったことを相手から褒めてもらえたときには、新たな発見ができたということもあり、喜びが一段と高まります。そういう些細なことも注意して見ることも大事になっていきます。

 その言葉、褒められているのかわかりません……

　製造現場の技能実習生の事例です。よく不良を出す技能実習生がいたのですが、その日は不良がありませんでした。そのときに、「今回は不良がなかったので、これからもより注意して仕事をしてください」と言われたそうです。技能実習生からすると、「頑張ったかいがない」と感じたとのことでした。
　確かに不良を出さないことは当たり前なのですが、それを当たり前のように伝えるのではなく、細かな進歩に気づき、成長を正しく褒めることが、外国人労働者のやる気を高め、より戦力となるきっかけになります。

10 仕事の振り返り方

　日本人と外国人とでは、仕事の振り返り方も違ってきます。日本人の場合であれば、その日の振り返りは、仕事の終了時にすることが多いと思いますが、外国人の場合は、**その都度、状況を確認すること、念押しをすること**が大事です。

　重要な案件の場合は、さらにショートメッセージで「さっき伝えた件は、こういうことですよ」ということを**文字でも伝える**ようにします。

　大事なのは、本人に任せきりにしないことです。日本語で指示を出している以上、お互いの認識がずれることがあるのは仕方のないことです。そのため、1日の終了時ではなく、業務の要所要所でこまめに都度確認していくようにしましょう。

 朝礼で一括指導、報告。しかし、技能実習生は誰もわかっていない

　朝礼で仕事の進捗の確認をしていた会社。しかし、リーダーが早口なのと、現場の機械音も混ざって、なんと技能実習生10名中9名が作業の進捗を全く理解できていなかったということが判明しました。全員で確認しているつもりが、逆に全く理解できていなかったのです。

　この場合は、全体で進捗の確認をするのではなく、1人ずつ自分の仕事についてリーダーと振り返り、その後みんなで共有する仕組みをつくるなど、朝礼以外の手段も検討できると思います。

　仕事を振り返るときのポイントは、期限や所要時間、優先順位を明確にしながら確認することです。「なるべく早く」「できるときに」など曖昧な表現は徹底的に省きましょう。

　「この仕事を今日中に完了してください」と明確に指示したうえで、終業ま

で待つのではなく、その途中途中で、「現段階では、どこまでできたのか」を確認するようにしましょう。振り返りによって状況を共有することで、期限などの認識がずれることなく、仕事を進めることができます。

☑ 時間を伝えるときの注意点

時間を伝えるときに、日本人はよく「3時前に待ち合わせ」とか「3時過ぎに来てください」といった指示を出すことがありますが、そういう曖昧な時間の指示は、外国人には通用しません。例えば、午後3時のアポが入っていて、現地で事前に待ち合わせをしたい場合などは、「3時前」ではなく、「午後2時50分に来てください」と明確に伝えるようにします。

これは、仕事の振り返りでも同様です。「今日中にやったことを確認します」ではなく、「午後5時にチェックをします」と具体的な数字で伝えましょう。時間のズレがなくなると、お互いにストレスを感じることなく仕事をすることができます。

CASE　他と比較することで、自社のいいところを振り返る

ある外国人スタッフを多く雇用している飲食店では、オーナーが他のお店に行ったときに感じた、よかった接客や残念だった接客などをミーティングのときに話すようにしています。それによって、自分たちができていることへの自信につながり、できていないことに関しては改善していけるようになったそうです。結果的にサービス力が上がり、スタッフのモチベーションや意識も高くなったとのことです。

他と比較して悪い点だけを指摘してしまうと逆効果になりますが、**自分たちができていることを共有する**ことで、いい振り返りのきっかけとなります。

【第 5 章参照】

『今日も異文化の壁と闘ってます　違いを乗り越えて仲間になる！　外国人材マネ
ジメントのツボとコツ』千葉祐大 著、Yuko まんが、三笠書房、2024 年

第 6 章

ビザによって
異なる
「定着」ノウハウ

EPISODE ⑥ 脱退一時金？なんだ、それ？

　滝は技能実習生を管理している監理団体の職員である。ベトナムに長期で滞在していたことがあり、ベトナム語が使える日本人として重宝されている。
　滝は長年お世話になっている片見プラスチック工業の代表、片見に急遽呼び出された。
「チャンさんがさあ、急に辞めるって言うんだよ。うちが嫌なのかって聞いたら、そうじゃなくて年金がほしいって。どういうことよ？」
　ベトナム人女性のチャンは技能実習で3年、そこから特定技能者になって2年勤務している。滝は、もう、そんな時期になったのかと感慨深く感じた。
　片見の会社は技能実習でしか受け入れたことがないので、5年を超える外国人の雇用はこれが初めてのことだった。(※1)。
「それは**脱退一時金**のことです。外国人は支払った年金の6割を帰国してから受け取ることができるんです」
「ああ、なんかそんな制度は聞いたことあるけど、うちも辞められたら困るのよ。どうにか説得してもらえないかな」
　片見の会社はベトナム人が多く勤務していて働きやすいと評判だ。滝はチャンにベトナム語で提案した。
「脱退一時金をもらって、そこから戻ってくるのはどうですか。2カ月くらいで戻ってくることができますよ」(※2)
　チャンは不服そうだったが、それでも仕方がないと頷いた。
「脱退一時金をもらってから、また戻ってくると言っています。だから、一時帰国すると思って2カ月ほど休暇を取ってもらうのはどうでしょうか？」
　これで納得するだろうと思いきや、片見は渋い顔をしたままだ。

「でもさあ、それっておかしくない？　日本人はさあ、ちゃんと年金ずっと払ってるのに、外国人は年金が戻ってくるって。そんなの不公平じゃない」

「外国人は一時的に日本にいるだけですから。それなのに年金を払ってもらっていると考えてみてはどうでしょうか」

「でも、年金を払い続けていたら、将来、年金をもらえるわけでしょ？」

「はい、10年かけ続けたら、年金がもらえる対象者になれます」

「それなら10年うちで勤務させるから、年金がもらえるようになるまで頑張りなさいと伝えてよ」

　滝は仕方なくチャンにそのまま伝えたが、チャンは苦笑して言った。

「滝さん、私は5年間年金を払ったから、申請すれば140万円くらいはもらえる。(※3) それなのに、なんで65歳まで待たないといけない？」

　滝も言ってくれと言われたから伝えたまでで、自分の言葉に全く説得力がないのはわかっている。チャンは続けて言った。

「5年が過ぎたら、払った年金がかけ捨てになるんです。私は嫌です」(※4)

　滝はこの脱退一時金の制度ってなんなんだ、とつくづく思った。健康保険はわかるが、期間限定の外国人から、なんで年金を徴収しているのか。

　これから技能実習3年が終わったら、そのまま特定技能に移行をさせるんじゃなくて、いったん退職にして脱退一時金をもらってから特定技能にするように提案しよう。滝はそう決意した。

※1: 現在、脱退一時金は5年が上限と定められています。そのため、技能実習生の場合は、「脱退一時金をもらうための帰国」ということがありませんでした。

※2: 脱退一時金の手続きは、日本にいながらでも対応することが可能です。ただ、その場合でも1カ月半から2カ月は手続きのために母国へ帰る必要があります。

※3: 脱退一時金は企業側が支払った額も含めて6割が支給をされるので、5年間ということになれば、100万円以上は間違いなく戻ってきます。

※4:5年を過ぎると、その分の社会保険料は脱退一時金には含まれません。なので、外国人にしてみれば、支払った分だけどんどん損になっていくイメージになります。ただ、そこに関しては「8年まで延長をする」ということが発表されています。

1 技能実習生の定着

　本章では、在留資格ごとに、外国人労働者に定着してもらう方法について述べていきます。

　技能実習の場合は、基本的に転籍ができないため、**失踪を防ぐ**ことが定着化のポイントとなります。

　2023年の出入国在留管理庁の発表によると、技能実習中に失踪した外国人が9753名いました。国別の内訳でみると、ベトナム人が5481人、ミャンマー人が1765人、中国人が816人、カンボジア人が694人となっています。

　ベトナム人に関しては、ずっと圧倒的な1位となっており、その理由としては、SNSによる勧誘があります。そのうまい話にのせられて不法就労が目的で失踪するベトナム人が多いのが現状です。

　近年はミャンマー人が激増しており、多くが失踪によって特定活動に転換しています。言い換えれば、ビザの転換のための手段であることがわかります。ミャンマー人に関しては、2024年10月からは技能実習を修了しない場合の特定活動への転換は認められなくなったので、今後は減少していくものと予想されます。

　技能実習生が失踪する理由としては、当初から失踪目的だったということもありますので、一概に受入れ企業が悪かったとも言いきれません。ただ、受け入れた側として、配慮・対応しておくべきこともあります。以下にいくつかご紹介します。

・**社長が声をかける**

　技能実習生は、社長が面接しているケースが多く、社長に対しては特別感を抱いている技能実習生が多くいます。「外国人労働者の育成は現場に任せている」ではなく、社長が一日一言でも声をかけてあげる習慣をつくってく

ださい。

・季節のイベントを行なう

　外国人は、季節の祝い事などイベントに対する特別感が日本人よりも強いと感じます。例えば、ベトナムのテト（旧正月）にバインチュンという正月料理をプレゼントすると喜んでもらえます。

　仕事以外の日に外出することがあまりない技能実習生にとっては、季節を感じられる演出だけでも、気分をリフレッシュさせる効果があります。

・親や兄弟とつながる

　技能実習生として来日している外国人にとって、親や兄弟は特別な存在です。技能実習生の親御さんの連絡先を知っておくことも、非常に重要なポイントです。具体的には、面接で現地を訪れたときには郷里の親御さんに会いに行ったり、日々のコミュニケーションの中で「親御さんは最近どうしているの？」と気にかけてあげましょう。

・現地の送り出し機関や日本語教師とつながる

　現地の送り出し機関の役割は非常に大事です。その場合に、送り出し機関の担当や代表はもちろん、技能実習生を教える日本語教師ともつながっておいたほうがいいでしょう。何かあったときには、技能実習生と長期間接してきた日本語教師に連絡をとって、技能実習生の悩みや本音を聞いてもらうこともできます。不安や不満を事前に察知できるような体制を築いておくことが、失踪の抑止にもつながります。

> ### ☑ 以前は頻繁に行なわれていた失踪防止策
>
> 　特定技能者の定期面談の項目に、「パスポート、在留カード、預金通帳などは全部自分で所持をしているか」というものがありますが、かつては会社または監理団体が強制的に預かることで失踪防止策としていました。ただ、現在はそのようなことは禁じられていますので、親切心でも外国人から預かったりしないようにしてください。

2 特定技能者の定着

　特定技能には2号の制度があります（第2章3項を参照）。2号になるためには、**実務経験が問われます。**

　この実務経験とは、「①ただの実務経験」と「②管理職としての実務経験」の2つのパターンがあります。製造業や農業はただの実務経験でも許可されていますが、その他の業種は管理職経験が必須となっています。

　管理職として勤務していたかどうかは、特定技能の外国人が証明するのではなく、**受入れ企業が証明しなければならない**ことになっています。しかし、特定技能者が転職してしまうと、前職で勤務していた会社から管理職としての実務経験の証明をしてもらうことは非常に難しくなります。それは、管理職としての実務経験の定義が曖昧だからです。

　特定技能者が2号になるために最もいい手段は、受入れ企業を変更せずに管理職としての実務経験を証明してもらうことです。そうであれば、採用する段階から、2号になることを想定して採用を進めていけばいいでしょう。

　募集段階から「特定技能2号になる人材を全面的にバックアップします」と伝えて、特定技能2号になりたい人材に訴求できるようにします。

　そして、面接の段階で「特定技能2号になるために一緒に頑張りましょう」とコンセンサスを得ておけば、その外国人が特定技能2号になるまで頑張ることをお互いの目標にすることができます。

　ただし、ここで気をつけたいのは特定技能2号になってからです。それまでは耐えていても、2号になった途端に転職してしまう可能性があるからです。

　そうした状況を回避するためには、特定技能2号になったあとも継続して働いてもらえるような仕組みを事前につくっておくことが必須です。次項で具体的に説明します。

なお、介護に関しては、特定技能2号はなく、介護ビザになります。介護ビザに関しても、同じように資格をとるためのステップをつくることで、定着につなげていきましょう。

特定技能者を受け入れている介護施設の取り組み

　ある介護施設では、社内報をつくって配布しているのですが、勤務している外国人の言語に翻訳したり、WEB版も配信しているそうです。WEB版を国元の両親に送れば、外国人スタッフが働く様子や勤務しいる職場のことを知ってもらえるというメリットがあります。母国の親にとって、我が子が頑張る姿を見るのはうれしいことですし、子どもを日本に働きに行かせてよかったと思ってくれるはずです。毎月の配信を心待ちにしている親御さんもいることでしょう。やや時代遅れのようにも感じる社内報ですが、外国人を受け入れている会社の場合だと、たくさんのメリットがあるようです。

3 特定技能2号者の定着

　前述したように、受入れ企業としては、特定技能2号になると辞めてしまうのではないかという懸念があると思います。実際、その心配は当たっています。

　介護ビザに関しては、特定技能から介護ビザに転換することで、条件のいい職場に転職できたという話はよく聞きます。特定技能2号者になれば、他からの引き合いが多くなることは間違いありません。

　まずは、なぜ外国人が特定技能2号者になりたいのかを理解することが大事です。特定技能2号者になると、継続して日本で働けることがひとつの動機となりますが、最大の動機は**家族の帯同ができる**ことです。

　今後は、家族の帯同ができる特定技能2号者を目指して働きに来る外国人は多くなります。そう断言できる理由としては、**配偶者も家族滞在ビザで働ける**からです。

　母国で働いていた場合、月の収入はネパール、ミャンマーなどであれば1万5000円程度、ベトナム、インドネシアなどでも4万円程度です。それなら、家族滞在で日本へ来た場合の賃金はどうなるか、現在の最低賃金で計算をしてみましょう。

　現段階での最低賃金平均時給1055円で週28時間、勤務したとします。その場合、月に稼げる給料は**月収11万8160円**です。自国で働いているよりもはるかに高い給料になります。この差を見れば、特定技能者がなんとしてでも配偶者を連れてきたい、配偶者も何としてでも家族滞在で働きたい、と強く希望する動機が理解できると思います。

　また、2027年施行の育成就労制度が始まったらどうなるかというと、育

成就労制度は外国から連れてこなければならない制度設計ではありません。ということは、家族滞在で日本へ来て、そこから育成就労者になれれば、就労の制限なく勤務できます。

　それであれば、受入れ企業として特定技能2号者の定着を高めていくためにやるべきことは、**特定技能者の配偶者も受け入れる体制を築いておくこと**です。
　例えば、以下のようなことが考えられるでしょう。

・**家族滞在で来日した直後に、自社でアルバイトとして雇えるようにしておく**
・**ほとんど日本語が話せないことを念頭に置いた職種を用意しておく**
・**ある程度の日本語能力を身につけることができれば、育成就労者または特定技能者になれるように対応する**

　自社での受入れが難しい場合は、アルバイトとして受け入れてもらえる先を見つけておくという手段もあります（自社と離れている会社の場合、通勤はどうするのかなどの確認やケアは必要です）。

　特定技能2号制度について何の対策もしないと、多くの特定技能2号者が、配偶者が働きやすい職場の多い都会へと流出していきます。特に地方の場合は、人材流出を食い止めるためにも、特定技能2号者の家族が働きやすい、過ごしやすい環境を整えていく必要があります。
　それさえできれば、逆に地方のほうが生活コストは安く済むため、家族で住むのに適しているとアピールできるでしょう。

第6章 ● ビザによって異なる「定着」ノウハウ

4 外国人定着に不可欠な「脱退一時金」の理解

　日本人のほとんどの人が知らず、日本に在住する外国人のほとんどが知っている日本の制度があります。それが、**脱退一時金**です。この脱退一時金という制度による退職が増えているのが現状です。

　脱退一時金とは、加入者が厚生年金を抜けた時点で、かけていた保険料が6割戻ってくるという制度です。この制度を使えるのは、日本国籍がない人、日本に住所がない人で、厚生年金の被保険者ではない人が対象になります。
　返金が認められるのは**5年が上限**と定められています。つまり、通算5年以上で申請をしなければ、以降の年金負担額は掛け捨てとなってしまうということです。

　具体的な計算としては、会社負担分と本人負担分を合わせた額の6割で、そこから所得税を引いた金額が本人の手元に入ってくることになります。

CASE　標準報酬月額27万円で5年間勤務した場合の脱退一時金を計算すると……

　標準報酬月額27万円で5年間勤務した場合、年金額が企業負担分も合わせて月5万円となりますので、その5年分となると300万円となります。そこから6割となると180万円。所得税を引くと、130万〜140万円程度が本人のもらえる額となります。
　ちなみに、5年を過ぎて勤務をした場合で計算すると、1年ごとに約28万円という金額が、本来はもらえるお金であったのに掛け捨てとなる計算になります。それを考えれば、外国人が脱退一時金を求めて退職する理由は理解できると思います。

ちなみに、年金は厚生年金に加入して10年以上かけ続けることで支給されることになりますが、外国人にとっては、かけてきた保険料は返してもらうのは当然の権利でもあります。

　脱退一時金を受け取るには、日本からの出国が条件となります。そして、一時帰国の状態では脱退一時金をもらうことができません。

　特に特定技能者の場合、日本に在留して5年を経過する人が多くいるため、脱退一時金をもらうために母国に戻るケースもよく見受けられます。雇用する場合は、脱退一時金のことを念頭に置きながら、脱退一時金の受け取りをどう考えているかなどは確認しておいたほうがいいでしょう。そうしないと、入社してすぐに脱退一時金をもらうために退職というケースも出てきてしまいます。

　脱退一時金をもらうための退職は特定技能者だけでなく、技人国でも多く見受けられます。まずは受け入れる側が、この脱退一時金の制度について理解することが重要です。

　こうした状況を受け、この5年という期間を8年に延ばすという運用の変更が発表されています。

☑ 今後は厳格化される見通し

　資格はそのままで、雇用契約をいったん終了し、住民登録を抹消して、みなし再入国許可で出国。そこから申請をして、脱退一時金を受け取ったら、再入国して、また同じ受入れ企業に再雇用してもらい、同じ職場で勤務する……ということが現状はできてしまっています。

　今後、上限8年に変更されると、「再入国の資格がある場合、一時金を出さない代わりに、保険料を払った時期を年金の加入期間に組み入れるようにする」といった内容が記載されています。上限8年に延長したタイミングで、厳格に運用されていく可能性が高いと思われます。

5 技術・人文知識・国際業務の定着

　技術・人文知識・国際業務（技人国）は高度なスキル・経験のある外国人の雇用をするための制度となっています。実際、そのような業務に従事している人は数多くいますが、実情としては、受入れ側の雇用の調整弁として使われているケースが頻発しています。

CASE　技人国で勤務のベトナム人約200人の給与未払い

　2024年、愛知県豊田市の人材派遣会社に雇用されていたベトナム人およそ200人の給与合計4800万円あまりが支払われていないとして、労働組合を結成したメンバーが未払い分を早急に支払うよう求めています。

　このCASEのように、技人国のベトナム人で多いのが、勤務先が派遣会社の場合です。それは、母国で理系の大学を卒業して、派遣会社から招聘されて来日しているというケースです。

　しかし、その招聘は本当に技人国の在留資格に合っているのかという疑惑がある場合があります。技人国の場合は、受入れ企業がビザの申請をする以外に特別な手続きや管理費が不要なので、資格外の単純労働業務でも技人国で受け入れている実態があるのです。しかし、資格外での技人国での雇用は、本人は不法就労罪、受入れ企業は不法就労助長罪で摘発される恐れがあるので、くれぐれも留意してください。

☑ 増加している技人国の人数。その真相は？

　技人国の場合、受入れ企業にとっては、技能実習や特定技能とは違い、毎月の管理費を支払う必要がありません。働く外国人からしても、転職が自由

にでき、家族の帯同もできるということで、お互いにとっての使いやすさが、逆に技人国の要件ではない職種で多くの外国人が働いている実情につながっています。

　また、中間に立つ監理団体や登録支援機関もないために、ブラックな待遇や環境で働かされているというケースがあります。そういう技人国ビザの外国人の多くが日本語をほとんど話せないということもあり、今後は警察や入管当局が連携し、ブローカーや悪質な雇用主の取り締まりを強化することを決めています。

　その外国人のスキルや経験に合致していない職種での受入れは、当然ながら定着に結びつきません。法律に抵触する可能性があるのはもちろん問題ですし、そもそも定着化・戦力化の可能性が低いのです。更新できない可能性も出てくるということをくれぐれも理解し、技人国の場合は外国人のスキルと経験に見合った雇用をしてください。

　技人国は、**在留期間**が一番のポイントです。在留期間は1年、3年、5年とありますが、やはり1年の在留期間の外国人のほうが辞めやすいという印象があります。3年、5年の在留期間をもらっている外国人は、日本での勤務に慣れていること、そして、頻繁に転職をしていないということで長い在留期間となっている可能性が高いため、安心感があります。

　採用する際には、在留期限は非常に重要です。在留期限がもうすぐ切れてしまう場合は、どんな職場でもいいから在留申請をしてもらえる会社を探しているケースがあるので、更新ができた時点ですぐに転職活動をする外国人が少なくありません。

　また、永住権の申請ができる時期かどうかも注意が必要です。在留期間が3年または5年で、次回に永住申請ができそうだという外国人の場合は、永住許可申請までは頑張ってもらえる可能性が高いです。技人国のビザで長く日本に在留している人であれば、次回に永住申請をするつもりか、または今後永住権を取る気があるかを確認したほうがいいでしょう。

6 留学生（アルバイト）の定着

　就労系の在留資格の外国人より、留学生のほうが多く働いている業種もあります。ここでは、留学生の採用と定着について学生の種類別に説明します。

CASE　近くの日本語学校生を積極的に雇用

　食品加工の工場。近くの日本語学校に挨拶をして、校内の掲示板に求人広告を貼らせてもらうことに。その掲示板を見て、アルバイトに来てくれることになった学生をきっかけに、数珠つなぎで留学生が働いてくれるサイクルができました。特にネパール人が多いため、ネパールの技人国の管理者も雇用。日本語が話せないネパール人でも活躍できるようにして、人材不足問題を解決する仕組みづくりに成功しました。

留学生は、まず大きく3つの学生に分かれます。

- **日本語学校生**

　同じ日本語学校生でも、1年目と2年目では大きく違います。1年目はまだまだ日本語レベルが低いので、多くは食品工場や物流会社など、日本語が話せなくても働ける職場で勤務しています。この時期の留学生は、とにかく週28時間いっぱいまで働ける環境かどうかを最優先条件としています。また、授業が午前と午後に分かれているので、午前だけ授業がある日なら、昼からフルで働けるシフト、午後から授業がある日なら、深夜帯または朝の短時間で勤務できるシフトなど、学校と両立できる環境を設けることも大事な点となります。

　2年目になると、日本語力を活用できるサービス業などにアルバイト先を変えていく傾向があります。どちらの場合でも、同じ国籍の人が多くいるか

どうかが職場を選ぶポイントになります。

　日本語学校生は卒業後、特定技能に申請する人も多くいます。特定技能者を養成したい、候補者を探したい場合は、日本語学校の生徒をまずはアルバイトで雇うのも有効な手段です。

・専門学校生

　会話ができる程度の日本語力を活かして働きたい、日本人と一緒に働くことで日本語力を高めたいと希望する専門学校生の多くは、コンビニや飲食店で勤務しています。そういう点では、日本語をあまり使わない、日本人との交流がほとんどない職場だと、「ここで働いていても、自分のレベルアップにつながらない」と辞めてしまうケースがあります。

　専門学校生は、特定技能で働くか、技人国で働くか、大学に進むかなど、さまざまな進路の選択があります。卒業後の就職までサポートするという姿勢で接していくことが、採用・定着につながっていきます。

・大学生

　サービス業で勤務する外国人大学生は多いのですが、卒業後、技人国で勤務できる先を求めながらアルバイトを探す外国人も一定数います。技人国は基本的にはホワイトカラーでの勤務にしか就くことができないので、オフィスワークや通訳、翻訳などができる業務を好みます。

CASE　日本語ができなくても採用して、特定技能者に育成

　ある介護施設では、まだ日本語が不慣れな留学生でも雇用して、日本語ができなくてもできる仕事をしながら、特定技能者を目指す仕組みをつくりました。介護の特定技能者になりたいという留学生を採用し、まずは掃除や片付けなどから始めて、特定技能試験とN4の試験の合格を目指してもらいます。そして、無事に合格できたら、自社で特定技能者として雇用するのです。

　自社での雇用であれば、経験者として即戦力になるので、未経験者を募集している他の介護施設よりも給与を高く設定することができ、定着もしてくれやすい環境づくりに成功しています。

7 外国人介護人材の定着

　介護に関しては、外国人を受け入れる手段がさまざまあります。そのことを理解したうえで受け入れることが、外国人定着につながります。

・**EPA**

　経済連携協定における外国人介護人材の受入れとして、インドネシア、フィリピン、ベトナムからの介護人材を雇用しています。滞在期間は3年で、介護福祉士の資格を取れば、定住することができます。

　以前は3年で取得できなければ帰国しなければなりませんでしたが、特定技能制度ができてからは、特定技能に移行することにより、継続的な勤務が可能となりました。

・**技能実習**

　2017年に介護の技能実習制度が設立されました。ただ、本国でのN4以上の日本語能力の取得、来日してから1年後のN3の取得というハードルの高さと、初期費用の高さが響き、あまり浸透していないのが現状です。

・**特定技能**

　2019年からスタートをした特定技能で、介護人材を受け入れることができます。日本語能力試験N4以上または国際交流基金日本語基礎テスト、および介護日本語評価試験に合格すれば、特定技能者となれます。2024年8月統計で4万4287人と順調に人数が増えているのが特定技能の介護です。

・**介護ビザ**

　専門的な介護人材の受入れルートとして2017年に設立。介護福祉士の資格を取得することで介護ビザになることができます。2023年末時点で介護ビザは9328人と、年々倍増しています。

　介護人材の定着・戦力化を目指すなら、どんな受入れの手段がいいのかと

いうと、**特定技能で受け入れて、介護ビザを目指す**、この一択かと思います。EPAで受け入れるのはハードルが高いですし、技能実習だとかなりの制限が設けられます。特定技能であれば、確かに転職のリスクはありますが、介護ビザを取得して日本で長く働きたい人材だけを受け入れることができます。

介護ビザを目指すためのフォローをしっかり行なえば、離職を防ぐことができます。つまり、企業側が受入れ体制をつくることで、人材の定着・戦力化をすることができるのが、介護業種の特徴です。

> ☑ **常勤の日本人より外国人の雇用人数が上回った場合の特例措置**
>
> 　介護で技能実習生、特定技能者を受け入れる際には、日本人等の常勤雇用人数を超えないことと定められています。ただ、日本人職員の退職に伴い、受入れ人数の条件を満たさなくなった場合は、「技能実習制度運用要領」にある「人数枠の特例措置」が適用され、雇用の継続ができます。

施設がビザ更新資料を提供してくれない

　特定技能者が介護福祉士に合格。介護ビザに変更したいと希望したのに、施設がビザ更新資料を提供してくれないと相談を受けたことがあります。介護ビザを取得すれば、自由に転職できるため、その点を懸念して書類を出してくれないという施設もあるかもしれません。

　しかし、介護ビザは受入れ会社がなくても、自分で申請することができます。介護人材を受け入れる際には、介護ビザを得ることを共通の目標として対応していくのが望ましいと思います。

8 一時帰国の規定をつくろう

　一時帰国とは、在留資格はそのままでいったん帰国するということです。
　まず、ほとんどの外国人が一時帰国を望むということを理解しておきましょう。また、一時帰国の期間については、受入れ企業と外国人との間で大きな認識の差があり、それが退職につながるケースがあります。ここでは、離職防止にもつながる一時帰国の基礎知識と対策について説明します。

　多くの日本企業が一時帰国で受け入れられる期間としては、**大体10日前後**です。日本人が有給休暇を消化して長期休暇を取ろうとすると、そのくらいで取るケースが多いからです。しかし、外国人の場合は、多くが一時帰国の期間を**1カ月程度**で想定しています。この期間のズレが、問題なのです。
　まずは、会社の規定として長期休暇の期間をどう調整するか、という点は非常に重要になります。可能であれば2週間〜1カ月程度の折衷案で折り合いがつくよう、外国人労働者と話し合いましょう。

　ただし、そこでさらなる問題として浮かび上がるのが、日本人には認められていない長期休暇を、外国人労働者だけに取得させることによる不公平感です。
　これを回避する方法としては、**日本人と外国人で就業規則を分ける**という手段があります。しかし、そこまでするまでもないということであれば、**一時帰国の制限を設ける**ということが、最良の手段となってきます。多くの外国人の場合、一時帰国をするのは**3年に1回程度**です。「3年に1回の長期の休暇は認めるが、それ以外は認めない」というルールをつくって、一定の基準を設けるといいでしょう。

　また、よくあるのが**一時帰国をしたい時期が重なる**というケースです。ベ

トナム人でいえばテト(旧暦の正月)の時期、つまり1月下旬から2月初旬にかけて希望が集中しますし、ネパール人だとダサイン(ヒンドゥー教徒のお祭り)の時期である10月に集中します。

当然、一斉に帰国されてしまうと業務が回らなくなります。そこで、**休暇の順番を決める**ルールも必要となってきます。大抵の場合、社歴の長いスタッフから優先して休暇を認めていくことが多いと思います。

その他、入社1年以内での一時帰国は認めないなど、採用時にこうした規定があることを伝えて、同意を得ておくことが重要です。

 採用時に帰国を勧める

　技能実習または留学生からの移行、特定技能から特定技能への転職でも必ず入管への変更申請が必要となります。この2〜3カ月の間は申請期間となるため、働くことはできません。そのため、この期間に帰国を勧めるのもオススメです。

　入管から追加資料請求などが来たときに、すぐに対応できる状態にしておくことはもちろん大事ですが、勤務前に一時帰国していれば、勤務後しばらくは長期休暇を取らなくて済みます。これは入社直後の離職リスクを回避することにもつながります。

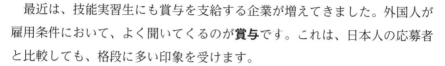

9 賞与の規定を見直そう

　最近は、技能実習生にも賞与を支給する企業が増えてきました。外国人が雇用条件において、よく聞いてくるのが**賞与**です。これは、日本人の応募者と比較しても、格段に多い印象を受けます。
　賞与の説明となると、企業側としては、どうしても「**業績による**」という返答になってしまいがちです。確かに、賞与は業績が反映されるものなので、そのような返答しかできないのは理解できます。しかし、日本人ならそれで納得してくれますが、外国人はそうはいきません。
　そもそも「業績による」と言われても、会社の業績がいいかどうかを、特に入社したての外国人が理解するのは非常に難しいことです。そのため、「業績による」というのは、外国人にとっては"ゼロ回答"であるのとほぼ同じことです。
　「賞与なし」を前提にしている企業もありますが、それだとなかなか採用が難しくなってしまいます。外国人にとって、賞与の支給は非常に大事な要素だということは理解しておいてください。

　面接に臨む際には、まずは**ここ最近の賞与実績**を必ず確認してください。昨年・一昨年の実績がいくらで、それがどういう基準で支給されたのかを伝えれば、外国人にとってもイメージしやすくなります。
　また、**支給を開始する時期**も明確に伝えてください。入社後1年なのか、入社後半年以降なのか、それはどういう計算方法で決められるのかといったことまで伝えられると、自社への信頼度が上がるでしょう。

　一方、よく揉めがちなのが、「賞与があると聞いていたのに、支給されなかった」というケースです。
　賞与は業績の良し悪しが反映されるものだから仕方がないという人もいま

すが、それで説得できるものではありません。この点に関しては、きちんとした説明が必要です。

賞与が支給できないのであれば、それが理由で外国人が退職しても仕方がないと理解してください。「業績が悪くなってしまったから、賞与を支払えない。それでも、継続して働いてほしい」というのは虫のいい話です。

外国人に納得して入社し、勤務してもらうためにも、賞与の規定を見直すことをオススメします。外国人向けの規定をつくってもいいでしょう。

もし業績が悪化したとしても、「この金額なら支給できる」という最低ラインはつくれるはずです。この最低ラインの賞与額の保証を設ける代わりに、通常の賞与基準を下げればいいのです。

「もし業績が悪かったとしても、これだけは必ず支給する」という最低ラインを明確にすれば、外国人も納得してくれます。

賞与は、支給開始時期も変更したほうがいいでしょう。全員一律のタイミングではなく、なるべくなら、勤務開始1年経過後あたりから支給するという規定にするのがベストです。在留資格が1年の人の場合は、更新が終わって、少し経過した後という時期がいいでしょう。

退職の時期というのは、ビザの更新前後に集中する傾向があるので、それを食い止めるために、あらかじめいつの賞与支給がいいかを考えてみてください。

CASE　勤務1年未満でも「寸志」という形で半年ごとに支給

外食業のある会社は、賞与の代わりとして、一律5万円を半年ごとに「寸志」という形で支給しています。賞与というほどの額が出せない場合は、「1年待って」というよりは、少しでも早く、出せるお金を渡してあげるほうが、外国人の定着率はよくなります。

10 外国人との食事会で気をつけるべきこと

　交流会やレクリエーションなど親睦を図る機会を設けることは、日本人と同様、定着にとっては非常に大事な取り組みとなります。
　ただし、外国人は文化や価値観が日本人とは異なるので、どんな親睦の深め方をすればいいか、悩むところかと思います。ここでは、その注意点について説明します。
　まず、相手の文化を知るための手段として、食事会を開催するのもいい方法だと思います。例えば、外国人がオススメの母国料理のお店に一緒に行くとか、外国人に母国の料理をもてなしてもらってもいいでしょう。

　外国人と食事会や飲み会などをするときには、やはり気をつかう面があります。イスラム教は豚が食べられない。ヒンドゥー教は牛が食べられない。それなら、どこへ食べに行けばいいのか困惑してしまう……ということがあると思います。
　私の例でいうと、よくバーベキューで国際交流を図っています。バーベキューはそれぞれの国に合った食材を用意し、それぞれが食べたいものを焼き、食べるということができるので、オススメです。何より、食を通してさまざまな国の文化を知り、お互いの距離を縮めるいい機会となっています。

　近年は強制参加の会社の飲み会はパワハラだとか、残業に当たるかどうかといった議論があります。外国人との交流を深めるための食事会は、お互いが楽しめる場でなければならないのは当然のことだと思っています。
　典型的な悪い例としては、これは喜ぶだろうとこちらが勝手に判断をすることです。例えば、「普段は食べられないだろうから、ごちそうしてあげる」といって、高級日本料理店に連れて行くといったことは、よくあるケースです。
　もちろん、悪いことだと言うつもりは全くありませんし、それを喜ぶ外国

人ももちろんいます。ただ、「連れて行ってやった」「お金をかけてやった」と上から目線になるのは違うと思います。

多くの外国人にとっては、日本人が考えるおいしい料理店に連れて行くことは決してありがたいというものではありません。なぜなら、**そもそも味覚が違う**からです。

自国の料理を誇りに思う気持ちは大切ですが、「日本の料理は世界で一番おいしい」というメディアがつくった意識にとらわれている人が多いと感じます。

当たり前の話ですが、多くの外国人にとって、一番おいしい料理は自分が昔から慣れ親しんできた自国の料理です。

自分の価値観は押しつけないということは、基本中の基本です。

 食事に連れて行った技能実習生がみんな離れていった

建設業の経営者の例です。自分がよく行く高級な日本料理のお店に、ベトナム人の技能実習生を連れていくそうです。その経営者としては、「ベトナムではこんな高級な料理を食べることなんてできないんだから、自分は特別な体験をさせてやっている」と思っていましたが、当のベトナム人は「そうやって、さも恩を売っているという言動がとても腹が立つ」と思っていたようです。

しばらくして技能実習生を特定技能にするために手続きをしようとしたら、誰一人として望む人はおらず、結局、その会社からベトナム人スタッフはいなくなりました。

第 7 章

もっと
活躍してもらう
「戦力化」ノウハウ

EPISODE ⑦ 管理職に昇格したのに、辞めたい？

「グエン・ヴァン・アインを製造部リーダー職とする」

　浅野は魚の加工工場を経営している。かつては多くの日本人スタッフと主婦パートが働いていたが、今は多くがベトナムからの技能実習生と特定技能者だ。そうなることで従業員が定着して、増収増益が続いている。
　そこで浅野は、技能実習3年、特定技能で2年勤務しているアインを、製造部リーダーとすることで、よりベトナム人が働きやすい環境をつくっていこうと、アインの昇格を決めた。
　アインの魚をさばく腕前は日本人を含めても一番だし、日本語能力も高く、日本人社員やパートとの関係性も良好で、リーダーとなることに対して日本人からも不満が出ることはないという確信が、浅野にはあった。

　しかし、その昇格は最初からつまづいた。
「社長、給料明細に残業手当が入っていないんですけど」
　リーダーとなって最初の給与明細を渡したとき、アインが浅野に言った。
「それって雇用契約を交わすときに言ったよね。役職につけば、みなし残業手当として役職手当で一律支給されるの。ここに役職手当5万円って記載されてるでしょ。その5万円に残業手当が含まれてるの」
　浅野は給与明細を指さして言った。
「みなし残業って何ですか？」(※1)
　それもリーダーになるときの雇用契約書で説明したよね、と言葉が出そうになったが、浅野はもう一度説明した。

「残業があってもなくても一律で支給します、ということだよ。アイン君、先月はあまり残業なかったよね。それでも５万円は必ず支給をする。リーダーは働いた時間ではなくて、効率を高めることを目的とするので、一律の手当としているんだよ」

「それなら、残業代が５万円を越えたときにはどうなるんですか。これまでも残業代が５万円を超えたときがありましたよ」

「その場合は、超過残業手当を支給するから」

「超過残業手当って、どういう意味ですか?」

　浅野はアインと交わした契約書を引っ張り出してきて、説明した。

「ここに残業時間30時間分って書いてあるでしょ。その30時間を超えたら残業手当が支給されるということ」

　アインはまだ納得していないようだったが、その場では引き下がった。

　朝の出勤時に、浅野はアインから話しかけられた。

「河野さんなんですけど、今日休みたいとLINEがきました。でも、今日休まれると困ります。社長から伝えてください」

　河野さんは主婦パートで、家の都合や子どもの行事でよく休みの連絡が入る。ただ、当日というのは珍しい。アインが軽く見られているのかな、と浅野は気になった。

「それはリーダーであるアイン君の役割だから。『今日は仕事量が多いから出勤してください』と言いなさい。それとも、河野さんは病気で動けないとか、そんな状態なの?」

「わかりません。そんな話ができるほど、私、日本語上手じゃないです」^(※2)

　私は絶対に対応しませんよ、という意思のようなものがアインの表情から読み取れたので、浅野は仕方なく言った。

「それなら、今回は僕のほうから頼むけど、僕はアイン君に現場を任せたいと思っているから、リーダーにしたんだよ。だから、現場のことはアイン君が処理しなきゃいけないってことだからね。そこは理解してもらわないとい

けないよ」

「私はベトナム人を管理するものだと思ってました。日本人のパートさんには、どう話していいかわからないです」

それに、とアインは言葉を続けた。

「残業手当と別で5万円もらえるものだと思ってました。それなのに、残業手当を含むんだったら、私の給料、そんなに上がってないです。それなら、リーダー、ならなくていいです」

「そんなこと言うなよ。そりゃあ、他のベトナム人スタッフと給料が変わらないんだったら、その不満もわかるけど、アイン君はよくやってくれていると思っているから、他のベトナム人よりも基本給だって高めに設定してるでしょ。そこに5万円の役職手当を別でつけてるのに、何が不満なの!」[※3]

さすがに要求していることが高すぎないか、と浅野は声を荒げた。こちらはこんなにしてあげてるのに、何が不満だというのか。

「わかりました。それならいいです」

アインはそこで引き下がった。

しかし、それからもアインが日本人パートに指示をすることはなかった。

そして、その3カ月後、アインは退職したいと言ってきた。他で仕事先が見つかったという。

ベトナム人管理職を育成するという浅野の目論見は、もろくも崩れた。[※4]

※1: みなし残業手当は、外国人にはなかなか理解してもらえない日本の商習慣です。最近はみなし残業手当を認めない判例も出たりしているので、よほどの権限を委譲しない限りは役職手当と残業手当は別途で対応したほうがいいと思います。

※2: 外国人だと、日本語というハードルもあるため、日本人が部下になった場合にちゃんと指示を出せるのか、注意の仕方はこれでいいのかなどと戸惑い、うまくマネジメントできないケースがあります。そこは、外国人スタッフの中のリーダーにしたり、日本人スタッフの指導にも対応してもらうのであれば、社長または上司がフォローすることが大事になります。

※3: 評価制度をつくることなく惰性で基本給を上げていると、それが当たり前だと思うようになります。きちんと評価制度をつくり、昇給する場合には、ちゃんとフィードバックをする。フィードバックを積み重ねていくことで、給与に対しての理解もでき、何を目的として、どう考えて仕事をすればいいかを共有できるようになります。評価規定は、外国人の育成・定着・戦力化に欠かせない最重要事項です。

※4: 外国人は昇給に対しての要求は強いですが、昇格に対しての要求は強くないと感じます。それを会社都合や社長の思いだけでやってしまうと、労使間の間で意識の食い違いのようなことが起きてしまいます。

1 外国人にもわかりやすい評価をする

　特定技能や技人国の外国人雇用を支援してきた私の経験からいうと、そうした在留資格で働く外国人が求める評価とは、役職ではなく給与です。外国人を戦略化していくためには、目に見えるわかりやすい仕組みをつくることが必要です。

　まず、日本の給与制度は今も年功序列型であることが多いですが、年功序列について、外国人には理解してもらえないのではないかと思われる人もいると思います。しかし、アジア諸国の多くにおいて、年齢が上の人のほうがえらいという社会文化は日本と同じです。年下の上司などは、日本人よりも嫌がる傾向があると感じます。ただ、同期や年次といったものは、日本特有の感覚だと言っていいと思います。

　また、評価する際に会社が気をつけないといけないのが、階層がある宗教もあるということです。同国人同士だからこそ譲れない上下関係というのがあったりします。

　しかし、ここはあくまで日本なので、採用段階から、日本の社会に合わせることが前提であるということを共通認識として持っておきましょう。

　外国人にとっては、給与に反映されない評価は意味がありません。もちろん、日頃から業務の評価を言葉にして伝えることも大事ですが、役職や立場が上がるのであれば、必ず給与に反映すべきです。

 CASE　退職をすると言うと、「昇給するから」と引き留められた

　今働いている会社が給与を上げてくれないので転職活動を始めた。その後、別の会社から内定をもらったので、上司に退職の意向を伝えると、雇用条件を上げることを条件に引き留められた。……こうやって転職することをやめ

るケースが多く見受けられます。しかし、これは一番やってはいけないパターンです。それを受け入れた時点で、こちらが要求すれば、条件が吊り上げられるのだという誤った認識につながることがあります。

　まず受入れ側が必ずやらなければならないことは、不満を先に察知することであり、特定技能であれば第三者である登録支援機関との定期面談の機会などを使いながら、対応してもらうこともできます。そして、評価制度をつくって、どうすれば評価されるのかを明確にしていく必要があります。

　ここで気をつけたいのは、外国人は互いに給与を見せ合う傾向があるということです。誰かが1人だけ給与が上がったというようなことがあると、不満が一斉に吹き出したりもします。

　昇給に関しては、一定の基準を決めて、周知・共有していきましょう。成功のコツは、曖昧なものではなく、会社にとっての一番の評価ポイントは何か、それをどうクリアすれば評価の対象となるのかということを明文化しておくことです。

 優秀な外国人スタッフがいるが、1人だけ昇給しづらい……

　働きがよくて昇給をしてあげたい特定技能者がいるが、1人だけ上げてしまうと、他の特定技能者にも伝わってしまうのでどうすればいいかわからない、という相談をよく受けます。外国人は給与を見せ合う傾向があるので、1人だけ上げてしまうとすぐに広まってしまうのです。

　そのような場合は、外国人にとって給与は手取りなので、手取り額が多くなるようにすればいいのです。例えば、家賃の徴収に関して控除を減らすといったやり方があります。そうすれば、家賃控除その額に個人差があるのは当たり前なので、他人が見てもわかりづらいということがあります。また、働きがいいということは、無遅刻無欠勤の場合が多いので、皆勤手当を設けるなどします。要は、どういう評価をしているから給与が上がっているのかがわかりやすい仕組みをつくることが大事なのです。

2 不満をなくす昇給の工夫

　かつて、最低賃金で外国人を働かせていた状況について、搾取だ、差別だといわれることがありました。しかし、ここ最近の急激な最低賃金の値上げにより、最低賃金で雇用していても、決して日本人よりも低い給与で働かせているという認識にはならない状況にもなっています。今後も、政府の方針が大きく変わることがなければ、このままの上昇傾向が続くものと想定されます。

　前項で、評価を給与に反映していく必要性を述べましたが、ここでは昇給の方法について述べていきます。

　昇給にはタイミングがあります。昇給時期をいつにすればいいかというと、最低賃金の上がる10月です。

　現段階ですでに最低賃金のラインになっている企業は増えてきていますし、これからもこの急激な最賃のアップにより、自社の初動給与が最低賃金に抵触してしまうことも増えていくでしょう。それなら、昇給時期の設定は最低賃金がアップする10月に合わせるといい、というわけです。

　昇給の制度が設定されておらず、「昇給随時」としている企業もありますが、その場合は、月給であれば時給計算をして、自社の賃金を最低賃金と照らし合わせてみてください。特に技能実習生、特定技能者の雇用であれば、多くが最低賃金ラインになっていると思います。それならば、最低賃金を下回らずに設定できるよう、「10月に昇給あり」と明記すればいいでしょう。

　逆に、昇給月で外すべきなのは、4月、5月、6月に支払う時期の給与での昇給です。その3カ月の標準月額報酬で9月からの社会保険料が決まります。外国人は引かれる額に対して非常に敏感です。「そこで多く支払ったから控除額が増えたけど、年金で多くもらえるのでいいです」などという外国人は

いません。

　その期間の給与はなるべく残業なども控えながら、標準報酬月額をいかに抑えるかが大事になってきます。

　昇給設定をしていくうえで知っておいたほうがいいのは、**業務改善助成金**です。これは最低賃金に近い従業員がいる場合に、事業場内の最低賃金を一定額以上引き上げ、生産性向上のための設備投資などを行なった際に、その費用の一部が補助される助成金です。

　また、技能実習や特定技能の場合は対象にはなりませんが、有期雇用で在籍している社員を正社員化する前に無期雇用になれば、**キャリアップ助成金**も使えます（詳しくは本章7項）。

　助成金などの制度を有効活用しながら、会社の負担を少なく、従業員のベースアップをしていきましょう。

3月に昇給したら、逆にクレームになった

　製造現場で働く技人国のベトナム人技術者。3月に昇給して、なおかつ3月が年度末だったこともあり、長時間残業しました。すると、社会保険料が大幅に上がってしまい、昇給したことが逆に不満になってしまったというケースがありました。こうした点に注意しながら、昇給の対応をしていきましょう。

第7章　もっと活躍してもらう「戦力化」ノウハウ

3 スペシャリストを育てる昇格の仕組み

　現場での仕事の能力は非常に高いのに、マネジメント兼務となると急にその能力が下がるというケースは、日本人でも一定数はいます。外国人であれば、スキルが上がったら昇格して管理職になるというケースがあまりイメージできないということもあります。

　それは、日本だと一般職として会社の業務全般を担うのが普通であるのに対して、日本以外の国では、その業務のスペシャリストになっていくのが一般的だからです。この認識の違いを考慮することなく、管理職に抜擢するなどしてしまうと、逆にパフォーマンスが落ちてしまうケースを多く見てきました。

CASE　店長になったことがストレスになり、業務効率がダウン

　ネパール人の特定技能者。3年の勤務ののち、店長として内示を受けたが、店長業務をすることで、逆に業務効率が大幅に落ちてしまい、本人のやる気も下がってしまいました。三者面談をして、店長ではなく、これまで通りの業務に戻すことで、またやる気が出て以前のような働きぶりに戻ったというケースがありました。

　日本語能力が非常に高いレベルの外国人であれば問題はないかもしれませんが、特に日本人を部下に持って育成するということには、多くの外国人は苦手意識を持っているようです。

　また、システム開発などの高度なスキルを要求される場で、明確にそのスキルの差がわかるような仕事であれば、互いの理解も得やすいかもしれませんが、複数人と連携しながら業務を遂行していくような業種だと、日本人への指導、配慮が外国人にとっては重荷になることがあります。そうした日本

語の壁、文化の壁が大きなハードルとなります。

　それであれば、これまでのゼネラリスト（何でもできるオールラウンダー型の人）になる道筋だけでなく、技量を高めていくことで評価・昇給していくスペシャリストとしての道も用意することが、外国人にとってはわかりやすい昇格のイメージになるでしょう。
　そもそも日本人でも、現場で働くことが好きでも、人を管理する立場にはなりたくないという人が増えています。
　外国人を受け入れたことをきっかけに、マネジメント業務をしなければ昇格できないという現状の昇格制度の在り方を見つめ直すチャンスにしてください。

 母国へ赴任となるが、給与が大幅にダウンして不満に

　日本での働きが評価され、母国へ赴任となったベトナム人。最初はやる気になっていたのですが、現地に合わせた給与額となり、大幅にダウンしてしまい、不満に思い、退職を願い出てきた……。こういうケースは、よくあることです。
　日本で育成して母国で活躍してもらうことは非常にいいシステムです。しかし、現地の物価を考慮するのはわからなくもないのですが、そこで現地給与に合わせてしまうと大きな不満が出てしまいます。ベストなのは日本と同一の賃金にすることです。さすがにそれは難しいのであれば、例えば、海外赴任ではなく長期出張という形で日本とベトナムの橋渡しをさせるなど、人材を活かす手段を見つけることも必要です。

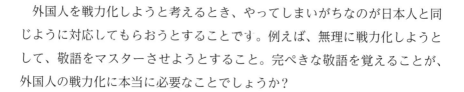

4 無理に戦力化しようとしない

　外国人を戦力化しようと考えるとき、やってしまいがちなのが日本人と同じように対応してもらおうとすることです。例えば、無理に戦力化しようとして、敬語をマスターさせようとすること。完ぺきな敬語を覚えることが、外国人の戦力化に本当に必要なことでしょうか？

　よくある失敗例が、「尊敬語、謙譲語の意味から教える」ということです。ビジネスマナーと称して丁寧語、尊敬語、謙譲語を場面ごとに変えて教えようとすれば、どうなるのかというと、単純に混乱します。
　これまで使っていた日本語が誤っていると指摘され、異なった言い回しを教えられると、どう使い分ければいいのかわからなくなります。そうなると、自分の言葉で話すことができなくなります。結果として、日本語がたどたどしくなる、何を伝えようとしているのか要点がつかめなくなるということになります。それでは、一番敬うべき相手を苛立たせてしまい、本末転倒になってしまうのです。

　それならどうやって教えていけばいいのかというと、実は簡単な話なのです。丁寧語で話すようにするのです。尊敬や謙譲といった使い分けではなく、ビジネスで対応するときの日本語だということだけ伝えて、丁寧語を教えれば十分だと私は思っています。
　外国人が尊敬語と謙譲語を使い分けることができなくて腹を立てる、失礼だと思うような日本人に、私は会ったことがありません。日本語をきちんと話せるだけで評価されるのが外国人です。
　そして、なるべく丁寧に接することよりも、ちゃんと相手に感情で伝えることを大事にしてください。
　自分の話す日本語に気をつけようとすると、その人の笑顔や明るさといっ

たよさが失われてしまいます。明るい対応がまず一番大事なポイントだと理解することが大事だと思います。

 「日本流のおもてなしが好まれている」は勘違い

　日本はおもてなしの文化だといわれており、丁寧な接客が海外から見て好評だと思われていますが、私たちが思い浮かべるおもてなし、例えば三つ指をついてお迎えをするとか、注文のときにひざまずいて対応する、いつまでもお辞儀をしているなどといった丁寧さは、外国人にはおもてなしどころか、不気味に感じられてしまうこともあります。外国人が感じるおもてなしとは、平等に、正確に、適切に対処することです。過剰な接客サービスが支持をされているわけではありません。

　ただ、メールの場合は注意が必要です。メールにおいては、お客様と対応するにあたって、ある程度のビジネス用語が必要となってくるからです。メールの送り主が外国人であることがわかってもらえれば、ある程度の配慮はされますが、それがわからないケースもありますので、最低限のビジネスメールが書けるように工夫が必要です。

　その場合は、挨拶文などの枕詞をテキストとして用意しておくとよいでしょう。あとは、外国人スタッフが伝えたい要件だけを挿入すればいいように対策をしておけば、失礼のないビジネスメールが書けるようになります。

　逆に、かなり丁重な営業メールが外国の送り出し機関から送られてくることがありますが、その場合は汎用的に使っている定型メールだなと感じてしまいます。失礼がないように配慮しながら、あくまで自分の言葉で伝えることは大事です。

5 外国人雇用向けのシステムや機能を活用しよう

　2024年は訪日外客数が年間で3600万人を突破して過去最多となりました。在留外国人数も376万8977人と、日本に来る外国人、また在住する外国人が急増しています。外国人の受入れが今後、大きなマーケットになっていくということで、さまざまなコンテンツが出てきています。

　外国人の採用や雇用に使えるシステムやツールもたくさんありますので、そうした情報には常にアンテナを張っておき、自社に合う機能のサービスを探しましょう。

　まず、翻訳機能の活用です。翻訳機能は、今後大きく成長していくインバウンド対応に役立つツールですが、外国人スタッフとのやりとりでも活用できます。

　インバウンド対応として広く普及されている翻訳機「**ポケトーク**」は、さまざまな国籍の外国人スタッフがいる場合など、意思伝達をするのに便利です。

　スマートフォンでもグーグル翻訳などで対応できますが、「**VoiceTra**」という音声翻訳アプリは正確に翻訳してもらえるのでオススメです。

　文字を翻訳したい場合は、「**Chat-GPT**」を使用するのが一番早く、かつ正確です。無料で使える仕様で全く問題ありません。

　外国人に対して広報したいことがあれば、「Chat-GPT」で各国語で翻訳した資料を配布するといいでしょう。

　最近はスタッフ同士でLINEグループをつくり、そこで情報のやりとりをする職場も増えています。そこで、「**チャットブリッジ**」という特定技能や技能実習に特化したAI翻訳アプリがあります。どんな国の方同士でも

204

LINEグループでやりとりができ、専門的な用語に関してもAI翻訳してくれるので、便利です。さらに、面接時にリアルタイムで会話を翻訳する機能も備わっています。

ベトナム人が単語と漢字の意味を理解するための「**Jdict Dictionary**」というアプリもあります。文法を理解することもできる、優秀なツールです。
ベトナム以外の他の国ではあまり聞かないアプリですが、他にも、その国の人であれば知っているアプリがあるかもしれないので、確認してみるといいでしょう。

特定技能試験や日本語検定試験の対策に使えるコンテンツやサブスクなども多く流通しています。
最近は、特定技能2号試験対策に向けてのシステムもいろいろと開発されるようになってきました。特定技能2号者の数が最も多い建設業では、特定技能2号を目指す外国人向けの試験対策システムなども出てきています

特定技能者を特定技能2号にするためのノウハウをシステム化

　自社で特定技能者を多く受け入れている建設業者。自社の特定技能者を特定技能2号にするために情報を蓄積していった結果、システムとして販売できるようになったそうです。具体的には、特定技能者試験の予想問題のシステムを有料で販売しています。
　建設業の場合、JACへの支払いなど、特定技能1号者の費用は他の業種よりもコストが多くかかります。そこで、自社スタッフを2号にすることで情報を蓄積し、新たなビジネスに展開していきました。
　外国人材ビジネスに関しては、これからの有望マーケットではあることは間違いありません。外国人に役立つコンテンツをつくっていくことで、ビジネスチャンスが広がる可能性があるのが面白いところです。

6 海外にいる家族の扶養控除に対応する

外国人を受け入れている企業が、いつも12月の年末調整時に外国人から頼まれるのが、本国にいる親族などの扶養控除の申請です。これは、法律で認められていますので、まずは対応することが前提だということを認識しておいてください。

日本在住の外国人が国外の親族に対して扶養控除、配偶者控除の適用を受けるためには、一定の書類を提出することで対象となります。

これまでは、16歳以上で年間の合計所得金額が48万円以下の親族に対しては扶養控除の対象となっていましたが、2023年からは対象が変更となっています。

まず16歳から29歳まで、または70歳以上の親族に関しては変更はないので、これまでの対応で大丈夫です。

年齢30歳以上70歳未満の人については、以下のいずれかに該当する必要があります。

・留学により住居を有しなくなった者
・障害者
・その居住者からその年において生活費または教育費に充てるための支払いを38万円以上受けている者

例えば、よくあるのが親を扶養者として扶養控除を受けるケースです。その場合は、1人の親に対して年間で38万円以上の送金をしたという送金証明書が必要となります。両親を扶養に入れる場合は、合計76万円以上の送金をした証明書が必要となります。

また、送金は個別の国外居住親族に対して対応する必要がありますので、その代表者のみにまとめて送金等をしている場合は、その代表者のみの送信

関係書類になり、その代表者以外の居住親族についての送金関係書類が整っていないことになるので注意が必要です。

これまでは多くの場合において、親族関係書類と送金関係書類を提出すればよかったのですが、これからは30～69歳の親族に対してはそれぞれ38万円以上の送金書類が必要となります。その点を注意喚起する必要があります。

なお、38万円ちょうどで送金をすると、そこから送金手数料が差し引かれて、38万円に満たなくなるケースもあります。手数料を考慮した金額を振り込むよう、注意が必要です。

 扶養控除について全く知らなかった特定技能者

ネパールから入国してきた特定技能者。年末に扶養控除の申請をしていなかったため、税金が多く差し引かれていることがわかりませんでした。確かに扶養控除を受けるのは、そういう権利があるというだけではありますが、送金を38万円以上しているのであれば、母国の家族をその外国人が扶養をしていると考えてもいいと思います。その点は、受入れ側も注意をして確認、伝達してあげることが大事です。

 実は日本人でも外国人と結婚していれば申請できる

日本人でも外国人の配偶者がいる場合、その親族を扶養者として所得税の還付請求をすることができます。そのため、外国人の配偶者の家族に送金している場合には、扶養に入れることができますし、さかのぼって5年間は申請して還付を受けることができます。

外国人を戦力化するための助成金

　助成金は雇用調整助成金を除けば、全体の企業の3％しか使用されていないといわれています。助成金は特定の企業や業種でしか活用できないと思われがちなのですが、実は多くの企業で助成金は活用できます。

　その中でも、外国人雇用に活用しやすい助成金として2つご紹介します。適用できそうな場合は、助成金を専門としている社労士などもいますので、相談をしながら活用を検討してみてください。

・人材確保等支援助成金（外国人労働者就労環境整備助成コース）

　通訳費、翻訳機導入費、翻訳料、弁護士・社会保険労務士への委託料（外国人労働者の就労環境措置に関する委託料に限る）、社内標識などの設置、改修費など、外国人を受け入れる際の社内構築をした費用において助成されます。

【注意点】

　3年ごとの申請のため、1回申請をすると、3年間は申請できなくなります。就業規則を外国人にも適用できるように、社会保険労務士に作成をお願いをする場合などは、それだけで申請してしまうのではなく、例えば翻訳機も導入するとか、社内標識の整備をするとか、そうやって総額を増やして申請しないと、次回の申請まで3年待たないといけません。

　必須メニューとして就業規則の社内規定の多言語化があるので、現段階では、就業規則を作成するためによく活用されています。注意点としては、社会保険労務士の顧問料など月額でかかる経費は適用できません。

・キャリアアップ助成金（正社員化コース）

　有期契約社員から正社員への転換で支給される制度です。

　無期雇用でなければならないため、技能実習生、特定技能者は対象にはな

りません。現段階では永住者、定住者、技術・人文知識・国際業務の人など
が対象になっています。今後、特定技能2号は適用となる可能性が高いと思
われます。

　労働局にキャリアアップ計画書を提出し、計画に従って就業規則を変更し、
有期雇用の社員を正社員化。そして、正社員化に合わせて昇給（基本給）を
3％以上上げることで、キャリアアップ助成金の対象になります。

【注意点】

　助成金を申請する際には、生産性要件を満たしているか、必ずチェックし
てください。直近の決算書と3年前の決算書を比較して、生産性が3年前よ
り6％以上伸びていると、生産性要件を満たしているということになります。

　その場合は、人材確保等支援助成金の場合は、支給対象経費が2分の1か
ら3分の2に上がります。キャリアアップ助成金に関しても、生産性要件を
満たしていると、1人あたりの助成金が上がります。

　生産性要件は売上が指標とはなりません。生産性を出す数式は、以下の通
りです。

**生産性＝人件費・減価償却費・賞与・租税公課・営業利益÷雇用保険被保
険者数**

　母数が雇用保険被保険者数、つまり従業員数なので、3年前よりも常勤の
スタッフが減少している場合は、売上が上がっていなくても生産性要件を満
たしている可能性が高いことになります。

　税理士を雇っている場合は税理士に生産性を出してもらえるので、必ず助
成金を申請する際には、生産性要件を確認するようにしてください。

　助成金については、就業規則の変更やその他条件があります。助成金の活
用を考えている場合は、キャリアアップ計画書を出す前に、労働局や社労士
等に相談するとよいでしょう。

第 **8** 章

外国人雇用
"あるある"
トラブル対策

EPISODE ⑧ 「このバンパーのへこみ、どうしちゃったの?」

「うちの車が、他人の駐車枠に停まっているんですか?」
　斎藤は登録支援機関を運営しているが、突然、警察から1本の電話が入った。警察によると、斎藤が運営している登録支援機関の車が他人の駐車枠に無断で駐車しているという。(※1)
　幸いにもその場所は事務所から近かったため、斎藤はすぐに現場へ駆け付けた。そこには社用車を運転していた外国人サポート担当のベトナム人女性ティンと警察官、そして無断駐車された男性の3人が立っており、斎藤が到着した時点で、車はすでに駐車場から路上へと移動されていた。
　斎藤がティンに事情を聴いてみると、訪問先である介護施設が契約している駐車場だと思い込んで車を停めたようだった。しかし、そこにはちゃんと月極契約している契約者の名前が記載されていた。
　斎藤は平謝りをして、その場は何とか収まったが、社用車をよく見てみると、フロントバンパーに大きなへこみがあった。斎藤はティンに訊いた。
「ティンさん、このバンパーのへこみはどうしたの?」
「わかりません」(※2)
　ティンはどこで、どのように車をぶつけたのかわからないと言うが、バンパーのへこみは誰が見ても気づかないレベルではない。また、この社用車はティンが乗るための専用車だから、ティン以外が運転することは一切ないはずだ。

　後日、バンパーの修理見積もりをしてみると13万円という金額だった。斎藤はその見積書をティンに見せたうえで修理費用の半額を自己負担しても

らうことをティンに伝えた。

すると、ティンは明らかに不満そうな表情を浮かべた。

「どうして保険で直さないんですか？」

斎藤は、この車は車両保険に加入していないから保険は使えない、また車両保険に加入していても、この程度の金額で保険を使うと割増等級によって、逆に保険を使ったほうが高くつくからだと説明したが、ティンは悪気もなく言った。

「私、あのへこみ、全然平気ですから修理しなくてもいいです」

斎藤としては修理代の半額を会社で持つだけでも温情だと思っていたのに、そんな発言をするティンに怒りを覚えた。

「お前の車じゃなくて、会社の車なんだよ！」とつい怒鳴りそうになったが、斎藤は何とか平静を装って言った。

「あなたの過失であることは間違いないんだから、その修理代をあなたが払うのは当たり前でしょ。次の給料から差し引くので、それは理解してください」 ^(※3)

※1：海外では駐車場が整備されていないため、車は道路の脇に縦列駐車することが一般的です。駐車するという意識が、日本人と外国人では大きく違うことを理解する必要があります。外国人に運転業務をさせる場合は、有料駐車場に停めるように指導したほうが、他人の車をへこませたり、駐車禁止違反したりといったトラブルの回避策となります。

※2：日本では「車を接触＝事故」という感覚ですが、外国人にはその認識はありません。車がへこんでいるのは当たり前という感覚です。そのため、車を接触させたら、「警察への届け出」と「社内報告」が必須であることを徹底させなければなりません。加えて、守らなかった場合のペナルティも明確にしておきましょう。

※3：賠償額を給与から差し引くことは法律で認められていません。その請求が妥当なものであるならば、別途請求する必要があります。

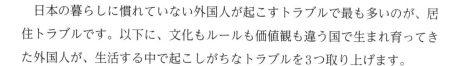

1 よくある外国人の居住トラブル

　日本の暮らしに慣れていない外国人が起こすトラブルで最も多いのが、居住トラブルです。以下に、文化もルールも価値観も違う国で生まれ育ってきた外国人が、生活する中で起こしがちなトラブルを3つ取り上げます。

・異臭

　外国人を受け入れる際に、行政から最も指導をされるのはゴミ出しです。ゴミ出しが地域のルールに則って守られていないと、地域トラブルの要因になります。

　最も取り扱いを注意しなければいけないのが、生ゴミです。分別には注意していても、生ゴミをそのままゴミ袋に入れてしまうケースがあります。生ゴミは小さなビニール袋に入れて、きちんと口をしばってからゴミ袋に入れることをしっかり指導しましょう。腐敗臭はもちろんのこと、外国人は日本とは違うスパイスを使っているケースが多いので、それが異臭となることもありますので、きつく注意しましょう。

・騒音

　夜遅くまで騒いでいたりすると、隣人からのクレームにつながります。東南アジアの人などは、特に夏場には窓を開けたままで過ごすことが多く、その状態で騒いだりすると近隣トラブルのもとになります。夜間は窓を閉め切ること、ベランダや玄関などでしゃべり込んだり、電話をしないことなども指導をしたほうがいいでしょう。

　また、夜中になると、ちょっとした生活音も騒音と捉えられてしまうことがあります。受入れ企業は、深夜に掃除機や洗濯機などを使わなくてもいいような対策をとる必要があります。

・退去費用

　よくトラブルになっているのが退去費用です。外国人が退去する際に膨大

な費用を取られた、というケースはよく聞きます。まず、部屋を汚く使ったり、破損したりすると、退去するときに大きな金額が請求をされるということを注意する必要があります。そして、換気をしっかりしていなければ、木枠が腐食したり、窓やサッシに汚れが付着することがあり、それは経年劣化と認められないケースがあります。常に換気をし、部屋をキレイに保つことを心掛けさせるようにしましょう。そして、退去時にはキレイに清掃させるようにしましょう。

エアコンをつけっぱなしにして、とんでもない電気代になり怒られる

入居する際に、私が口を酸っぱくして伝えるのはエアコンの使用方法です。まず、絶対につけっぱなしにしないことを指導しています。特に冬場に電気代が跳ね上がる外国人が多いので、注意してください。

日本も猛暑日が続きますので、夏場は仕方ないとしても、冬場は、就寝中は毛布にくるまっていれば寒さはしのげると伝えても、暑い国から来ている外国人は厚着をする習慣がないので、たまにTシャツ1枚で暖房をガンガンにつけていることもあったりします。

受入れ企業としては、水道光熱費は自腹で支払ってもらうというルールをつくるのもオススメです。自分で払わなければ、浪費が直らないからです。外国人には電気代が高騰していることを教え、電気代によって手取りが減れば、あなた自身が困るということを伝えましょう。

ポストに入っている郵便物が自分宛てのものか判断できない

自分の名前のカタカナ表記やローマ字表記が読み書きできるかどうかは、日本で生活していくうえでとても大事です。特に郵便物はカタカナで郵送されてくるので、カタカナが読めなければ、自分宛てのものなのかどうかがわかりません。これは、大事な郵便物を見逃してしまう要因にもなってしまいます。

2 外国人が病気になったら

　日本は病院にかかることが非常に簡単にできる国です。しかし、他の多くの国は日本のような状況ではもちろんなく、外国人は病院にかかることに対して高いハードルを抱えています。体調が悪いのに我慢して病院へ行かず、あとで大変なことになってしまうことも多々ありますので、注意が必要です。

CASE　尿結石になって病院に運ばれたミャンマー人

　激しい腹痛に見舞われたミャンマー人。夜の10時でしたが、先輩のミャンマー人が在日歴15年だったので連絡したところ、救急車の手配から保険証の用意まで、すべてをサポート。結局、尿結石とのことで、12時には治療を終えることができました。

　このケースでは、同国人の先輩がいたこと、先輩が対応してくれたのでよかったですが、緊急の場合は自分1人で何とかしなければなりません。

　緊急の電話番号110番や119番のこと、そして、外国語であっても対応できるスタッフがいることを教えましょう。何かあったときには、日本語が話せないからと躊躇せず、連絡するように伝えてください。

☑ 病院は高くないと教育する

　病院は高いというイメージが外国人全体にあります。そのため、「病院に行きなさい」と言われても、日本人よりも躊躇をします。受入れ企業としては、健康保険証があれば高い治療費にはならないこと、そのために多額の社会保険料を支払っているんだということを伝えるようにしてください。

　また、病院に行ったとしても、そこでの対応に手間取ることがあります。外国人なので、微妙なニュアンスを医師に伝えることが難しいからです。そこは、受入れ企業が付き添いをしたり、管理してもらっている監理団体や登

録支援機関に依頼をするなどの対応が必要になることもあります。

　かかる病院の診療科もはたして合っているのか、という場合もあります。例えば、鼻水がひどくて風邪だと思って内科に行っても治らなかったのが、耳鼻科に行ったら、実はアレルギー鼻炎だったというケースもありました。その症状をよく見極めて病院を勧めることも、受入れ企業の対応として必要なことです。

　なお、病気で休んだときに病院の診断書を受入れ企業が求めるケースがありますが、それに対して「信頼されていない」と快く思わない外国人が多くいます。決して怪しんでいるわけではなく、心配をしているんだという態度で依頼するようにしましょう。

 体調不良で何度も休む外国人

　体調がすぐれないからと頻繁に休む外国人。受入れ企業は確認するため、病院の診断書を持ってくるように依頼。しかし、本人が送ってきたのは治療費の明細書でした。理由を聞くと、「診断書はお金がかかるからイヤだ」とのこと。体調不良を理由に何度も休んでいるので、どこが悪いのかを確認したいと伝えても、「嘘で体調が悪いと言ってるわけではない。実際に病院にも行ってるじゃないか」と反論してきます。

　確かに、診断書の発行には1通2000〜3000円の費用がかかります。その負担を労働者に押しつけてしまうと、不満が生じてしまいます。話し合いによっては、会社負担を検討する配慮も必要でしょう。また、「ただ欠勤したから」ではなく、就業規則に「○日以上は診断書が必要」など具体的な日数を明示しておくことも必要になります。

　今後、外国人に必要となってくるのは、メンタルヘルスケアだと思います。外国人は全く知らない土地に来て生活をしているわけなので、精神的に追い込まれるケースが多くあります。病院に行っても異常が見当たらなかったが、体調が常に悪い場合などは、心療内科などへの受診を勧めるなど、メンタル面でのサポートも必要です。

3 外国人に多い交通事故と水難事故

　外国人の雇用は、異文化の国から来る人を受け入れるということになります。外国人労働者がこれまでの生活では想定できなかったことを、受け入れる側があらかじめ予備知識として知っておくことは事故やトラブルなどのリスク対策として非常に重要です。本項では、よくある外国人の事故について説明します。

・交通事故

　特に外国人留学生、技能実習生に多いのが、自転車による交通事故です。交通ルールも外国人と日本人とでは価値の違いがありますので、会社がきちんと教育することが大事です。例えば、外国だと歩行者優先の意識があまりなく、歩行者で自動車に接触した場合、自分が悪くなくても、逃げ出したり、泣き寝入りをしてしまうといったケースがあります。

　日本では、まず歩行者が守られる文化であること、そして事故に遭った場合には、すぐに警察を呼ぶことを徹底して教えることが大事です。

 CASE　自転車の運転中、自動車に接触。修理代を払うのが怖くて「大丈夫」と言ってしまった

　自転車で走行中に自動車にぶつかってしまった場合、自分が自動車の修理代を払わなくてはいけないのではと恐れて、「大丈夫です」とその場を去ってしまうケースが多くあります。

　外国人はなるべくトラブルを避けようとします。事故に遭った場合は、とにかく警察を呼ぶことを教えてください。当然、自動車だけが100％悪いというわけではありませんが、大抵の場合、ケガをする可能性の高い自転車のほうが修理代の負担がかかるということはありません。人身事故の場合は後で後遺症が出る可能性もあるため、その点も伝えてください。

外国人は自動車やバイクの任意保険に入らないケースが多くあります。自動車の場合、日本の公道を走るのであれば、任意保険には必ず加入をすることを徹底させましょう。バイクであっても、加入を勧めましょう。

任意保険に入らないと通勤でバイクは禁止と言われ、通勤できなくなった

　通勤でバイクを使っていた外国人。新しい会社では、任意保険に入らないとバイクを使用するのは禁止といきなり言われ、通勤できなくなって困っていました。
　バイクだけでなく、自動車でも任意保険に加入していない外国人は多いですが、マイカー通勤を認めている場合は、原則として**会社の責任は免れません**。バイクの任意保険に加入する際には、まずファミリーバイク特約で対応できないかを確認してください。ファミリーバイク特約での対応できない場合は、ネット保険、または共済保険などを利用するのもひとつの手段です。

・水難事故

　近年、水難事故で亡くなる外国人の割合が、全国的に高まっています。岐阜県内では、2024年に川の事故で死亡した8人のうち5人が外国人でした。多くの場合が、川で溺れて死亡する事故です。
　外国人が死亡する場所の特徴としては、水の透明度が高いということがあります。日本の川は外国に比べて透明で川底が見えやすく、浅い川だと思い込んで深さを確かめずに飛び込み、足がつかなくて溺れるというケースが多いと推測されます。
　そして、外国人が水難事故に遭いやすいもうひとつの原因としては、日本のように子どもの頃からプールに慣れ親しむという教育がされていないことがあると考えられます。
　今から泳ぎの練習をさせるわけにもいかないので、むやみに川に飛び込まないようにしっかり伝えましょう。また、周囲にいる日本人が泳いでいるかどうかなどに目を配りながら、そこが水遊びをしてもいい場所かどうかを確認することなどについて注意喚起しましょう。

4 外国人に運転業務を任せるときの注意点

　これまでは外国人が運転業務に携わるケースは非常に少なかったですが、2019年から受入れが始まった特定技能ができたことにより、まず建設業、介護業において特定技能者に運転業務を担ってもらうケースが増えてきています。そして、2024年春からは、運送業も特定技能に業種追加されました。そうなると、運転そのものがメイン業務ということにもなってきます。

　外国人に運転業務を任せるうえで、よくあるトラブルは以下の3つです。

・車をぶつける、傷をつける
　車における日本人と外国人の最大の価値観の差は、「車の傷」です。外国人は、車をぶつけることに対する躊躇がない場合も多く、ぶつけても車が動けば大丈夫という感覚があります。

・無免許運転
　日本人なら犯罪という感覚さえある無免許運転ですが、外国人の場合は、運転できるんだったら、事故さえ起こさなければ別にいいじゃないかという感覚の人の場合もあります。

・違法駐車
　外国の場合、ほとんどが道路上に縦列駐車で車を停めます。有料駐車場に停めるという意識はほとんどありません。日本の道路事情については詳しくないので、どこなら停めてもよくて、どこなら違法駐車になるかという判断は難しいようです。

　運転業務を担ってもらううえで、最も怖いのが**ひき逃げ、当て逃げ**です。外国では接触事故などで警察を呼んで対処するということは、大事故でない限り行なわない国もあります。運転業務を担ってもらう場合には、当たったり、ぶつけたりした場合には、必ずその場から移動せず、警察や会社に連絡

することを徹底しましょう。場合によっては、取り返しのつかないことになってしまうことがあります。

> ☑ **日本は左側通行で、多くの国は右側通行**
>
> 　世界で左側通行の国は20％程度しかありません。右ハンドル右ウインカーというのは、日本だけとなります。なので、母国で運転免許を持っているからといって、免許の切り替え後、すぐに日本の公道を走らせるのは非常に危険です。

CASE　社用車をぶつけたが、へこんだだけで修理代を請求されるのは納得がいかない

　本章のEpisodeで紹介した例では、車の修理費を請求されて、支払いを渋るティンに対して、斎藤は給与から天引きすると伝えていました。しかし、業務中の事故による損害について給与から天引きするというのは禁じられており、違法です。

　運転に対する価値観の違う外国人に納得してもらう方法としては、まず雇用契約時の雇用条件として、別途車両手当についての内容を明示しておくことが必要となります。また、「交通安全手当」という項目を給与に設け、事故を起こした場合は、その手当がなくなるというやり方もひとつの手です。

5 災害が起こったときの対策をしておこう

在住外国人が、どのような言語を使うことができるかが調査されています。

- **英語ができる人 44%**
- **中国語ができる人 38%**
- **日本語ができる人 62%**

※参照：独立行政法人 国立国語研究所「生活のための日本語：全国調査」2009年

つまり、外国人が困っている現状で話しかける言語の多くは、英語ではなく日本語だということです。

1995年に起きた阪神・淡路大震災の死者100人あたりの割合を見ると、日本人0.15%、外国人0.27%で、負傷者の数は日本人0.89%、外国人2.12%となっています。外国人が、災害などの危急時において意思疎通の問題で被害が増えることを、上記の数字が物語っています。

この背景には、外国人には日本語が伝わらないと思い込んでいる、あるいは自分は英語が話せないからとためらう日本人の固定観念があるように思います。

上記データのように、在住外国人にとって伝わりやすい言語は日本語ですから、災害があった場合にはためらわずに日本語で伝える、指示をするようにしましょう。

しかし、私たちが使い慣れた日本語だと理解しづらい面もあります。さらに地域特有の方言が入ると、より理解できなくなります。丁寧な言葉で、ゆっくりと話しかけることを心がけるだけでも大きく違ってきますので、ま

ずはそうした意識を持つことが大事です。

　また、なるべく漢字を使用しないようにするほうが、外国人にとってはわかりやすいのですが、危急時にそのような環境にあるとは限りません。災害にまつわる漢字表現だけでも、視覚で認知できるように教育しましょう。
　具体的には、漢字の横にフリガナをつけて、視覚的に意味を覚えさせていきます。例えば、「避難（ひなん）」「警報（けいほう）」「津波（つなみ）」「台風（たいふう）」「火災（かさい）」などの漢字がそれに当たります。

CASE　日本人よりも地震を怖がる

　南海トラフ地震がくるという発表があったときに、家族滞在のベトナム人が帰国したことがありました。日本人は地震に慣れているために、そこまで地震に対して怖がることはありませんが、多くの外国人が地震のない国から日本に来ていますので、日本人よりも地震に対する恐怖感が大きいといえます。
　そのため、なおのこと地震があった場合にはどう動けばいいのかを指導していくことが重要なのです。

CASE　避難先の外国人に日本語が伝わらない……

　避難所でのケース。食事を提供するために、係の日本人がやさしい日本語を意識して、こう伝えました。「いれものを持って、中央公園に来てください」。
　しかし、外国人は誰も来なかったといいます。それがどうしてか、わかりますか？　外国には炊き出しという文化はあまりなく、食事が無料でもらえるとは思っていなかったということでした。
　意識の食い違いから起こる二次被害について、考える必要があると思わされたエピソードです。災害のときには、外国人が情報弱者になることを念頭に置いた避難訓練をするなど、対策していくべきだと思います。

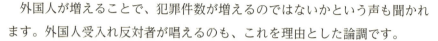
6 外国人の犯罪件数

　外国人が増えることで、犯罪件数が増えるのではないかという声も聞かれます。外国人受入れ反対者が唱えるのも、これを理由とした論調です。
　ただ、外国人の犯罪は平成17年がピークで3万3037件だったのが、それから減少をし続け、令和2年では9512件となっています（法務省「令和3年版犯罪白書」）。つまり、外国人が増加するのに反比例して、外国人の犯罪件数は減ってきたわけです。
　それでは、外国人の犯罪件数の国別ランキングがどうなっているかというと、以下のようになっています。

	国籍	総検挙件数	総検挙人数
1位	ベトナム	6855件	4219人
2位	中国	4395件	2699人
3位	ブラジル	902件	508人
4位	フィリピン	844件	765人
5位	韓国	698件	316人

※参照：警察庁組織犯罪対策部「令和2年における組織犯罪の情勢」

　外国人の人口に占める犯罪検挙数の割合は、全体で0.3%となっています。それと比較して日本人はというと0.2%と、日本人の検挙割合と外国人の検挙割合はほぼ同率といっていい状況です。

　一方で、国籍ごとに犯罪の内容は異なります。その意識は持っておいたほうがいいと思いますので、それぞれの国籍の特色について説明します。

　ベトナム人の犯罪は万引きが7割と断トツです。ベトナムに関しては、次

項で改めて述べます。

中国人で一番多いのは万引き、空き巣などですが、中国人が他の外国人と大きく違う点は詐欺（外国人犯罪全体の6割）やカード偽造（外国人犯罪全体の5割）と、知能犯罪が多いことです。

フィリピン人も空き巣、万引きが1位、2位を占めていますが、次にきているのが占有離脱物横領という犯罪です。占有離脱物横領とは、他人のモノを勝手に自分のモノにしてしまうという犯罪で、これは大家族が多く、モノをシェアして使うことが多いので、その意識が犯罪につながってしまっている可能性があります。

ブラジル人の犯罪の傾向は、圧倒的に車に関わる犯罪です。車上狙いが45％、自動車窃盗が17％と、合わせると6割以上が車に関連する犯罪となっています。実際に外国人が起こす車上狙いの95％がブラジル人となっています。

このような傾向があることを踏まえたうえでの対策が必要になってきますが、外国人の犯罪は、**日本に長く滞在することで減少**していきます。実際に、定住しているブラジル人の検挙数は2007年には8000件近くまで増えていたのが、今は2000件を切っています。トルコ人も2008年頃には4000件程度あったのが、今はほとんど検挙数がない状態です。

その理由としては、日本のコミュニティに属することで、犯罪をする代償が高くなるということを理解するからです。

受入れ企業としては、外国人をいかに孤立させないかが非常に重要な対策となります。

日本が疎外感を与える社会になってしまうと、これまでとは逆に、外国人が増えるのと比例して犯罪も増える可能性もあると、私は考えています。

7 ベトナム人の犯罪の特徴

前項で説明した通り、ベトナム人が起こす犯罪が、外国人の中で最も多い割合となっています。その現状は、どうなっているのか説明していきます。

CASE　家畜窃盗事件を起こしたとしてベトナム人が逮捕

群馬県を中心にした家畜窃盗事件で、ベトナム人が逮捕された事件。逮捕容疑は入管法違反でしたが、貸家の床下からは約30羽の冷凍ニワトリが見つかりました。牛刀やモデルガン、金属バット、模造刀などの武器も押収されたこともあって、家畜窃盗事件として報道されました。この事件のあと、家畜の窃盗事件は激減したので、恐らく多くのベトナム人が家畜窃盗を犯罪という意識もなく行なっていたものと思われます。

在留資格を失ったことで生活苦に陥った在日ベトナム人が、犯罪行為を含むカネになる情報をやりとりするFacebookコミュニティが「ボドイ」という名で存在しています。ボドイとは「兵士」を意味しており、技能実習から逃れてドロップアウトしたベトナム人もそう呼ばれていることに由来します。そうしたベトナム人は、主に北関東地域に存在しています。コミュニティはFacebook上にあり、銀行口座や自動車、偽造の在留カードや薬、賭博の誘いなど、犯罪につながる情報が多く掲載されています。そういった情報の氾濫が、ベトナム人の犯罪が多い理由となっています。

ベトナム人の犯罪の多くは、万引きが占めています。以前は生活に困っての万引きが多かったのが、最近は組織化した万引きグループも存在しています。そこから少しずつ、ベトナム人の犯罪が凶悪化していきました。

中古車狙いの広域窃盗グループの一員を逮捕

　2024年11月、ベトナム人の元技能実習生が、中古車自動車置き場で窃盗に加担。ボドイというFacebookグループのコミュニティで誘われ、窃盗グループに加わったものとされています。その交流サイトでは盗難車が売りに出ており、その盗難車を買って免許を持たない外国人が乗り回しているという実態があります。

　ベトナム人の犯罪が報道されるとき、よく一緒に語られるのが技能実習制度の借金問題です。技能実習での借金が多いから、失踪して犯罪に手を染める。だから、悪いのは制度だといわんばかりの報道は、論点をすり替えていると感じます。あくまで悪いのは犯罪をしたベトナム人であって、制度とは別で語られるべきです。

　実際に、上のCASEで取り挙げた中古車狙いの窃盗をしたベトナム人は、技能実習で3年勤務していたとなっています。それなら、借金はもう返せているはずですし、3年目に失踪したということは、技能実習が満了する前に失踪して、金になる仕事を求めていたと考えるのが自然です。

　ただ、確かに技能実習制度の転職ができない制度設計のために、失踪を選ばざるを得なかったベトナム人が数多くいたことは事実です。転職ができる特定技能制度においては、失踪というケースはほとんど出ていません。

　今後、技能実習制度が育成就労制度に変わり、転籍ができるようになります。そうした状況の中で、ベトナム人の犯罪が減少していくのかどうかは注視していく必要があります。

8 ベトナム人はギャンブルに注意が必要

　ベトナム人の男性は日本で闇ギャンブルにはまることが多く、それが原因で犯罪を犯すことがあります。ベトナム人がはまるギャンブルはレートも高く、一度胴元からお金を借りてしまうと、借金が雪だるま式に増えることになります。

　胴元はお金を貸すときにパスポートや在留カードを担保として要求するため、その借金から逃れることは難しい現状があります。

　こうした闇ギャンブルの代表格が以下の2つです。

・ロデ

　ロト6や宝くじに近いギャンブルです。日本時間の20時に数字が発表をされるので、その数字を電話などで請け元に通知して、当たれば配当がもらえるという形です。昔流行っていた「ノミヤ」に近い形です。

・ソックディア

　丁半博打です。賭場があるのではなく、ベトナム人の個人宅が使われているケースが多いです。茶碗、お皿、コインがあればできるので、特別な場所は必要ではありません。

　茶碗とお皿の中にコインを入れて、参加者が表か裏かを当てます。1コイン、2コイン、4コインとあり、現在は4コインでやるのが流行っています。

　ベトナムの闇ギャンブルが、日本の競馬やパチンコなどと大きく違うのは、レートが非常に高いので、一晩で高額の借金を背負ってしまうこともある点です。そして、常習性が高く、一度はまるとなかなか抜けられなくなる、または借金が常にあるという状態に陥ってしまい、抜け出そうにも抜け出せなくなります。

　加えて、何よりも怖いのが、ギャンブルがもとでの刺傷事件や監禁時間な

どが実際に起こっていることです。そういったベトナム人の凶悪犯罪が増加していくと、ベトナム人全体が悪く思われてしまうことになります。

そうならないために、ギャンブルには一切近づかないことを受入れ企業や管理する団体が言い続けることが大事です。

前述の通り、ソックディアなどは賭場があるわけではなく、住居で行なわれることが多いため、友達に誘われて、そこがギャンブルをしているような場所であればすぐに逃げるといった対策を伝えていきましょう。

また、主にFacebookで勧誘されるケースが多いため、そういう勧誘の投稿などを見ていないか、注意や確認をすることも大事です。

高いレートのギャンブルから犯罪につながっていく

ソックディアでのレートは非常に高く、それが常習性につながっていきます。借金の返済を迫られたベトナム人は薬や化粧品などを万引きし、それを取引業者に売ることで返済に充てたりします。特に化粧品はベトナムでは高値で取引されるそうです。

それでも支払えなかった場合は、監禁されて、親を脅迫してお金を振り込ませるなど、手段が過激になっていきます。

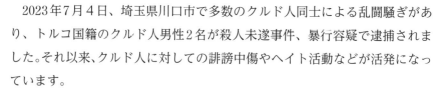
9 埼玉県川口市のクルド人問題から考えること

　2023年7月4日、埼玉県川口市で多数のクルド人同士による乱闘騒ぎがあり、トルコ国籍のクルド人男性2名が殺人未遂事件、暴行容疑で逮捕されました。それ以来、クルド人に対しての誹謗中傷やヘイト活動などが活発になっています。

　まず、川口市に住むクルド人がどうして大きな社会問題となっているかというと、**一定数のクルド人が正式なビザを取得していない**ということが挙げられます。

　難民申請中という立場で在留しているので働けない、または働けたとしても、多くの制限があります。そのため、クルド人は自立できず、寄り添い合うことでしか生きていくことができないのです。結果的に、川口市周辺に集住せざるを得なくなったというわけです。

　そうなってくると川口市としても、地方自治体だけでは対応できない問題として、国に対して多くの要望をしています。

　「そんなクルド人は強制送還しろ」という意見が多数あります。しかし、乱闘事件で殺人未遂罪として逮捕され、強制送還となったクルド人は、日本に再入国して、また強制送還されました。これは、強制送還となってもまた日本に戻ってこられることを意味しています。そして、強制送還をするためには、多額の税金が使われます。

　この点について改善できる対策が、日本の法律にはまだありません。つまり、現行の法律では、強制送還しても、また再入国といういたちごっこを繰り返してしまう可能性があるのです。

　そして、難民認定申請において許可がおりずに訴訟が起こされたケースとして、裁判所において難民認定を認める判決が出た事例もいくつかあります。それは、入管の難民認定が決してすべて正しいとはいえないことを物語って

います。

　川口市のクルド人問題は、これから日本が外国人との共生社会を築いていくうえでの前例ともなります。地域においてのトラブルにならないようにするにはどうすればいいのかという点を考慮しながら、外国人の受入れをしなければならないことを、このクルド人問題が証明しています。

　そして、これから起こる可能性のある地域での外国人トラブルにおいて、政府が地方自治体任せにしていていいのか、という問いかけにもなっています。

☑ 2023年から改正された出入国在留管理法

　これまでは何度でもできた難民申請ですが、2023年6月からは原則2回までということになりました。これにより、難民申請を継続して日本に在留するということができなくなります。

　ただ、そうなると、祖国に強制送還された外国人が迫害にあったらどうするのかと反対する意見も多くあります。そして、そもそも日本で生まれ育って祖国に全く生活できる基盤のない人も多くいるため、その外国人を強制送還して、その国で生きていけるのかということも問題となっています。

　これはあくまで私見ですが、日本には外国人が正式に働けるビザとして特定技能ビザがあるので、特定技能ビザへの移行によって、法律そして人権に対応をした措置がとれるのではないかと考えます。

10 イスラム教の土葬問題

現在、日本には23万人のイスラム教徒がいるとされています。

イスラム教では死んでもまた魂は戻ってくる、という教えにより、死者は火葬ではなく土葬になります。日本は土葬を禁止しているわけではありませんが、圧倒的多数が火葬とされています。それは、狭い国土であるがゆえの衛生的な面が非常に強いことがあります。

ただ、イスラム教徒の場合は、宗教により火葬が禁じられているため、問題は複雑になってきます。遺体を母国に空輸で送るとすると、100万〜150万円の輸送費がかかるため、負担が非常に大きいのです。そのため、日本に在住するイスラム教徒は、日本でも土葬のできる墓地の建設を求めています。

 土葬墓地の建設で揺れる大分県日出町

イスラム教の土葬墓地をつくる計画を巡って、地元で賛否が分かれています。別府ムスリム協会は2018年から土葬墓地の建設を巡って町と事前協議を続けていますが、計画地のおよそ1.2キロ先に水源地があるために、地元住民は反対しており、いまだ決着はしていません。

他の先進国はどうかというと、イスラム教徒が土葬で葬られる環境があります。日本も、今後増えていくイスラム教徒のために土葬墓地を増やすべきだという論調も多くあります。しかし、アメリカ、イギリス、フランスがそうしているのだから日本もそうすべきという意見には、私は反対の立場です。

日本には日本の死者の弔い方があり、その風習で社会秩序が維持されてきました。確かに以前は日本も土葬でしたが、人口が爆発的に増えることで、火葬による埋葬が一般的となっています。そして、これからの日本は超高齢化社会から多死社会へと向かっていきます。

2023年の死者数は157万6016人で戦後最多を更新しています。2040年には167万9246人まで増えるとされており、土葬墓地を増やすことは、死者が増えることを考えても非常に難しいといえます。

ここで私たちは何を優先すべきかというと、多文化共生よりも日本の秩序を守ることであると思います。それを守ることで、イスラム教徒にとって、日本が終の住処ではなくなるということであっても、そこは受け入れてもらうしかないと思います。

あえてそう書くのは、外国人を受け入れるうえにおいては、日本人と外国人ではなく、同じ日本人同士が外国人受入れ派と外国人排斥派に分かれて分断する可能性が高いということです。実際に最近ではアメリカが移民政策によって、共和党支持派と民主党支持派で分断が起こっていますし、欧州でも同じような軋轢が繰り返されています。

外国人受入れの考え方において日本人同士が争い、分断が起きるようなことは絶対に避けなければならない。だからこそ、外国人に譲歩することが、決して日本人と外国人が共に暮らすためにいい方向性となるわけではないことを、理解する必要があると思います。

【第 8 章参照】

『地方消滅 2　加速する少子化と新たな人口ビジョン』人口戦略会議 編著、中央
公論新社、2024 年

『イスラム移民』飯山陽 著、扶桑社、2024 年

『北関東「移民」アンダーグラウンド ベトナム人不法滞在者たちの青春と犯罪』
安田峰俊 著、2023 年

第 9 章

これからの
外国人材ビジネス
のヒント

EPISODE ⑨ 登録支援機関業務、こんなはずじゃなかった……

　大森は行政書士として、主にビザの申請を職業としている。
　そのため取引先から特定技能者の受入れ申請の依頼も多く、それをビジネスにできないかと登録支援機関の認可も受けていた。
　今回、ビザ申請業務を多数お手伝いしてきた介護施設を運営する社会福祉法人より、ミャンマーから5名の特定技能者を受け入れるための申請と管理のご依頼をいただくことができた。支援委託費を2万円と伝えていたので、5名分だと10万円。それが毎月の固定収入として入ってくることになるので、大森は登録支援機関の認可を受けていてよかったと喜んでいた。(※1)

　受け入れるミャンマー人は、日本語が理解できると聞いていた。だから、自分の日本語の対応で大丈夫だろうと楽観的に考えていた大森の思いは、オンラインでの事前ガイダンスの段階でもろくも消えた。ほぼ全員が、大森の日本語が理解できない。日本語レベルでいえば、特定技能者になれるギリギリのラインであるN4相当だろう。大森は入国してからが大変になると憂鬱になった。

　入国当日は、知り合いに探してもらったミャンマー人に、日当を渡して来てもらい、通訳してもらいながら手続きのすべてを行なった。しかし、そこからあとの相談は大森の役割となる。大森はミャンマー人の特定技能者には、何かあったときのためにLINEグループをつくって、そこで連絡をもらうようにした。すると、それからひっきりなしにLINEにメッセージが届くようになった。

「私の部屋には電気がないです」

　電気が通ってなかったのかと、あわてて部屋まで確認しに行ったら、ブレーカーが落ちていた。

「自転車がないから施設まで行けません」

　受入れ施設に確認したら、自転車をこちらで用意するとは聞かされていなかったとのこと。大森は自転車が支給されるまでの間、自分の車で送迎をすることになった。

　今度は、施設からクレームがきた。

「給料が違うと言ってるんだけど、どうやら最初から夜勤手当がもらえると思っていたようなんです。そこは当初話した通り、3カ月は夜勤ができないので、昼勤のみの給与になると説明してください」(※2)

　大森はまた日当を払ってミャンマー人に一緒に来てもらい、対応しなければならなかった。しかし、ミャンマー人通訳を通しての説明でも、5名が納得したようには見えなかった。大森の中で不安が少しずつ渦巻いていく。

「給料から大きなお金が引かれています」

　またミャンマー人から苦情が入った。給与明細を確認すると、どうやら水道光熱費のようだ。施設長と話をすると、電気代が2万5000円もかかっていたらしい。(※3)

　大森は、あなたが使った電気代が引かれているんだと何度も説明したが、どうも伝わっている感触がない。かといって、そんなことにミャンマー人通訳を使っていたらお金がもたない。大森の中で不安だけが大きくなっていった。

　翌月、施設からそのミャンマー人が退職するという連絡がきた。最近は施設から連絡が入るのが、大森にとっては恐怖になっている。

「入社して3カ月しか経ってないですよ。どうなっているんですか」

　施設長の言葉は冷ややかなものだった。

大森は１人で施設まで赴いた。通訳にかかる費用も痛い出費になってきたので、どうにか自分だけで対処したいと思っていた。

「なんで前回のミャンマーの人は来ていないんですか？」

　早速、施設長から小言を言われた。大森は手配ができなくて……と恐縮するしかなかった。

　そのミャンマー人特定技能者はもう次の転職先も決まっていて、ビザの申請もしているということだった。それなら、最初にかかった初期費用はどうしてくれるんだと施設長は問い詰めたが、ミャンマー人は自分の都合の悪い話になると、日本語がわからないそぶりを見せる。大森はそのたびに噛み締めるような、ゆっくりとした日本語で伝えようとしたが、ミャンマー人特定技能者は「わからない」「知らない」を繰り返すばかりだ。

「もう一度、ミャンマー人通訳を連れて出直してきます」と告げて、大森は施設を出た。

　どっと疲労感が押し寄せる。こうなると、施設から大森に対してのクレームが本社に入ることも危惧しなければならない。もし、そうなって本業の申請業務まで外されたらと思うと、胸がキリキリと痛んだ。

　そもそも行政書士になったのも、人と接するような仕事が苦手で、書類の作成業務を仕事としていきたいと思ったからだ。それなのに、自分は今、何をしているのか。

「もう、この仕事はやめとこう」

　固定の収入でおいしいと思っていた登録支援機関業務だったが、大森は今後もう引き受けないことに決めた。やはり自分は事務作業が一番性に合っている。(※4)

※1：登録支援機関の総数は1万153社（2024年12月18日段階）となっています。その中には、ビザの申請を業務としている行政書士の方が多く含まれています。

※2：雇用条件を試用期間の考慮をせずに提示していて、入国してからトラブルになるケースが多くあります。その場合で多いのが、当初は夜勤ができない、試用期間中は週休制ではなく週休2日制になるなど、そもそも予定していた働き方と試用期間中の勤務が違う、ということが多くあります。そうなると、当初提示していた給料も違ってきます。試用期間がある場合、そして、その期間は勤務内容や給与が違う場合は、その期間と待遇について必ず提示するようにしてください。

※3：暖かい気候の国からくる人は、基本的に厚着をして寒さをしのぐ、という感覚がありません。冬場でもTシャツ1枚でエアコンをガンガンにつけている人も多くいます。とにかく冬場の電気代を節約すること、それが自分の手取りを増やすことになるということをしっかりと説明しましょう。

※4：登録支援機関の仕事を書類作成業務と勘違いしている人がいますが、全く違います。受入れ企業と雇用者の間に入るということはどういうことかというと、自分に非がないと思うことでも非難される、怒られる、ということです。そして、それは自分のせいではない、は当然ながら通用しません。そういったストレスを抱えながら、泥臭くやらなければならないのが登録支援機関の仕事だということを、くれぐれも理解して取り組むようにしてください。

# 今後の外国人材ビジネスの行方

　技能実習生の数は令和4年の32万4940人から、令和5年は41万972人と大幅に増加しました。特定技能に関しては、令和5年で20万8462人と、前年比59.2％の増加率となっています。そして、2019年から2024までの特定技能者の受入れ上限は34万5000人だったのが、2024年から2028年度では、82万人と2.4倍になっています。

　人数という点で見れば、外国人材は激増しており、マーケットは拡大基調にあると言えますが、個別に見ていくとどうなのでしょうか。

　技能実習制度に関しては、2027年までで廃止ということが決まっています。技能実習制度から育成就労制度に変わることにより、これまでの監理団体は、**監理支援機関**として申請し直さなければならないことになっています。その申請においては、要件の厳格化ともいわれているように、これまでの監理団体がそのまま監理支援機関になれるわけではありません。そして、その収益もどうなるかが非常に微妙な状況になっています。

　これまで監理団体が収益を出してこられたのは、技能実習制度が**3年間は辞めない**というシステムであったことが一番大きいのですが、育成就労制度では転籍が認められています。そうなると、これまで安泰だった3年間の管理費が担保できないということになります。

　また、これは一般的に大きく勘違いされていることですが、技能実習制度は低コストだから支持されていたわけではありません。初期費用、管理費を含めれば、高いコストを払って受け入れていたのが技能実習制度でした。それなら、なぜ技能実習制度が支持されていたかといえば、3年という期間が担保されていたからです。その最大のメリットが育成就労制度ではなくなるわけなので、育成就労制度で受け入れるメリットが今の段階では見出せない

のが現状です。

　今後起こることとしては、これまで技能実習制度で受け入れていた企業の多くが特定技能制度に移行していく可能性が高いと想定されます。

　それなら、特定技能を取り扱う登録支援機関はこれからの成長分野となっていくのかというと、こちらも微妙な状態が続いています。

　まず、大きな受入れ分野であるはずの建設業、製造業においては、JAC（建設技能人材機構）や協議会があるためにアプローチが大きく制限されています。また、受け入れる分野がまだまだ拡大できていないということもあり、登録支援機関は非常に営業展開がしづらい状況を抱えています。制度が標準化されなければ、登録支援機関としてだけでは大きく業績拡大をしていくことは難しいのではないかと思います。

　それなら、一番儲かる可能性が高い外国人材ビジネスはどこかというと、**高度人材の紹介**です。この分野にいかに入り込めるかが、大きく収益性を上げる手段となります。

　そして、高度人材（技術・人文知識・国際業務、特定技能の熟練者、特定技能2号者、介護ビザなど高度なスキル・経験を持つ外国人）の紹介に参入できれば、その逆もできるようになります。日本在住者を外国に紹介していくというビジネスです。

　将来は、このマーケットが間違いなく拡大していくと思います。そこに参入するための準備として、外国人材ビジネスの経験を積み重ねていくというように考えれば、将来性のあるビジネスが展開できるでしょう。

登録支援機関になるためには

・登録支援機関の申請

登録支援機関は許可制ではなく、登録制となっています。登録できれば5年間、登録支援機関としての業務ができます。

登録支援機関になるためには、個人または団体が2年以内に中長期滞在者（就労資格に限る）の受入れ実績、または支援の実績があることが必要です。そこでまず、支援責任者を誰にするかを設定することが必要になってきます。

その後、支援言語、つまり、どの国の人を支援できる体制にするかを決定します。支援言語に対応する担当者の設定をしなければならないため、対応できる言語は通常は限られてきます。

現在は常駐スタッフと支援に関わるスタッフ等の記入が必要です。しかし、今後は会社の規模、専任となるスタッフ、支援できる外国人スタッフがいるかという点が厳格にチェックされていくと思われます。

登録支援機関業務を開始したい場合は、まずはわかる範囲の書類を揃えてから、所轄の入管へ相談に行かれることをオススメします。

登録支援機関業務は許可制ではなく登録制なので、申請の受付の際に入管でチェックされます。申請窓口で書類の不備や登録支援機関になれるかどうかの確認などの相談、対応をしてもらえるので、それに沿って申請を行なうという考え方が無難です。

行政書士に頼む人もいますが、書類はそこまで多くはなく、指摘されるポイントも限られているため、自分でも十分に対応できます。

審査の期間は、特段の指摘事項がなければ2カ月程度となっていますが、最近はそれより長くなっているとも聞いていますので、早め早めの対応をしたほうがいいでしょう。

・**登録支援機関の更新**

　登録支援機関の有効期間は5年間です。登録の有効期間満了日の6カ月前の初日から4カ月前の月末までに更新申請をしなければいけません。そこで出し直しを求められることもあるので、更新する場合はなるべく早く申請するのが得策です。

　ちなみに、登録有効期間が到来する3カ月前の月末を経過してから申請しても更新は認められず、新規の登録申請を行なうことを推奨する旨が明記されています。

　登録支援機関になる要件に関して一番重要なのが、**2年以上の中長期滞在者の支援をしていた人がいるかどうか**です。その中長期滞在者には永住者や留学生、家族滞在の人は含まれませんので、その点に注意して申請するようにしてください。

第9章 ● これからの外国人材ビジネスのヒント

登録支援機関の継続的業務

　登録支援機関は、受入れ会社から委託される形で、特定技能者の支援計画書の作成のサポートや定期面談等の実施を行ないます。

・**書類面について**

　特定技能者を受け入れている場合は、報告書を出入国在留管理局へ提出することが定められています。これまでは四半期に1回、つまり3カ月に1回の提出だったのが、2025年4月からは**1年に1回**となりました。

　受入れ企業が提出する「3-6受入れ・活動状況に係る届出書」「3-6（別紙）特定技能外国人の受入れ状況・報酬の支払状況」などは受入れ企業が作成する書類となっていますが、そのサポートを登録支援機関が請け負っているケースは多いです。

　登録支援機関が提出をする書類としては、「4-3支援実施状況に係る届出書」と定期面談の書類になります。複数の支援対象者が受入れ企業1社に在籍している場合は、「3-7（別紙）1号特定技能外国人支援対象者名簿」で一括で提出することもできます。

　「3カ月に1回」の書類業務が「1年に1回」に変更となることで、登録支援機関の業務はかなり軽減されます。しかし、登録支援機関に委託することで軽減されていた書類業務が実質的に4分の1になることで、登録支援機関に委託することの価値を感じなくなる受入れ企業は、今後増えていくであろうと思われます。

・**特定技能者の退職時**

　退職時に関しては、まずは通常の日本人の雇用と同様に、ハローワークへの届け出が必要です。それ以外の「3-1-2特定技能雇用契約の終了又は締結に係る届出書」「3-4受入れ困難に係る届出書」は、入管へ書類を提出するこ

とになっています。

　提出する期限に関しては「退職日より14日以内」とされています。

・入管の定期調査について

　現段階では、特定技能外国人を初めて受け入れてから半年くらいを目途に、入管の調査が入ります。ただ、そこまで厳しく調査されるということはありません。特定技能外国人に、ほぼ定期面談で使われている質問事項と同じ内容を、特定技能者にアンケート対応を求めるようなものです。その外国人と母国語で会話ができる入管担当者が来るようなことはこれまでなかったので、突っ込んだことをヒアリングしていくわけでもありません。

　また、特定技能者に関連する書類が、現場ですぐに確認できる状態になっているかの確認と指導が当初はありましたが、今は「準備だけしておいてくださいね」という程度になっています。

　2回目以降はランダムに入管から連絡が入ります。私の担当している受入れ企業で、3回調査が入ったことがありましたが、その頻度がどういう基準で決められているかは全くわかりません。

　登録支援機関の同行は義務付けられていませんが、指導面の確認などもあるので、なるべくなら同行したほうがいいと思われます。

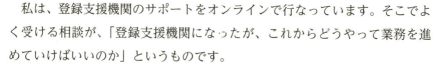

　私は、登録支援機関のサポートをオンラインで行なっています。そこでよく受ける相談が、「登録支援機関になったが、これからどうやって業務を進めていけばいいのか」というものです。

　本項では、登録支援機関を始めるときのポイントについてお伝えします。

・まずは需要を獲得することが大事

　「どうやって人材を探せばいいのか」「社内体制をどう構築すればいいのか」といった相談をよく受けますが、まずは仕事を取ってこられるかどうかを考えてください。少なくとも現段階では、働く外国人を探すことよりも、受け入れる企業を探すことのほうが難しい状況です。

　全く売上の目途が立たない中でスタッフを採用したりすると、それがコストとなっていきます。登録支援機関を事業として行なうよさとしては、初期投資がほとんどかからずに事業を始められることです。

　それなら、まずはコストをかけずに、自分がこれまで培ってきた人脈、これまでのビジネスでの顧客、あらゆるものを駆使して受入れ先を探すことに注力することが大事です。

・どこの国を対象にするのか？

　時々、他の登録支援機関との差別化を図って、マイナーな送り出し国で対応しようとするケースがあります。ただ、それは大手が長期的なプランで行なう手段であり、小規模の事業者がやる打ち手ではありません。

　どんな商品を取り扱うのでも、まずはメインの商品を押さえておくことは商売の常道だと思います。それなら、外国人の送り出し国としてメインはどこなのかで考えれば、シェアから見てもベトナムですので、そこは外すべきではないと思います。

差別化は、ある程度の実績を上げてから図っていくのがいいかと思います。

・営業をかけるにあたって、どういう手段がいいのか？

　顧客を獲得するために、「ホームページを駆使して」とか、「SNSを駆使して」と言う人がいますが、この業界はまだまだドブ板営業で仕事を取ってくるような世界です。そもそも人手不足で困っている事業者が、頻繁にネットやSNSを見ているとは思えません。

　登録支援機関は現段階で1万社あり、わざわざネットで探さなくても、いくらでも営業電話がかかってくるようなレッドオーシャンのマーケットです。そこで新規にやっていくとなれば、「徹底的に数を当たる」しか活路は見出せません。

　どうしても自分がやれることに限界があるということであれば、営業代行にでも頼み、少しでも営業接点を増やさなければ、相場も見えないので、より活動が困難になっていきます。

・どの業種からアプローチしていけばいいのか？

　「これまで運送業に携わってきたから運送業を主体にやりたい」「建設業をよく知っているから、建設業を中心に当たっていきたい」という話を受けることがあります。しかし、運送業や建設業には非常に高いハードルがあり、特に早いうちに収益化したいという場合には、取り組む業種としてオススメできません。

　それなら、どの業種がオススメかといえば、**外食業**です。理由は農水省管轄の業種が最も障壁が少なく、受入れができるからです。

　その意味では、**飲食料品製造業**も狙い目となります。その他、**介護**に関しては技能実習、特定技能者の訪問介護が解禁となった時点で、最大の需要が起こることは間違いないと思います。

247

5 登録支援機関の支援業務の基本

登録支援機関が行なう最初の業務としては、**事前ガイダンス**があります。事前ガイダンスで必ず伝えるべきポイントは、以下の3つです。

- 1年ごとの更新制で、5年間の勤務ができること
- 家族の帯同ができないこと
- 特定技能2号になることができれば、永続的な勤務と家族の帯同ができること

次の業務としては、ビザがおりたあとの勤務開始前に行なう**生活オリエンテーション**があります。

国外から来る人なら、まず空港まで迎えに行き、そこから入居先に荷物を置いて、地方自治体に住民票の登録をします。住民票が発行されたら今度は通帳の発行をしてもらいます。最近は通帳の発行が厳しくなっていますので、そこで時間と手間がかかります。

その後、生活に必要な備品やSIMカードなどの買い物に同行します。ここまでで、大体1～2日ほどかかりますが、当社ではこれを生活オリエンテーションに要する時間ということで充てています。

勤務が開始したら、3カ月に1回の定期面談、定期書類の作成と提出が主な業務となります。その他、何かあったときの相談を受けるのも登録支援機関の業務です。

ここまで見ると、やはり初期での業務負担がかなり大きくなります。そこから何の問題もなく勤務してもらうことができれば、登録支援機関としては、そこまで仕事があるわけではありません。

そのため、継続して勤務できている場合には、「登録支援機関は払っている料金分の仕事をしていない」などと揶揄や批判をされることがあるくらいです。

　しかし、その分、うまく登録支援機関を使ってもらえるといいと思います。特定技能者の外国人にとって、登録支援機関は頼れる、とまではいかなくても、ある程度外国人の立場になって話を聞いてくれる存在です。彼らの不安や不満を先取りして、ケアすることも登録支援機関ができる仕事のひとつかなと思います。

　私自身、技人国にも対応していますので、それと比較して感じるのは、登録援機関という第三者的な立場の存在が、外国人の立場を守る役割を担っているということです。その結果、日本の制度をわかっていない外国人が奴隷的な働き方をさせられるようなケースは、少なくとも特定技能においては目立って出てきてはいません。登録支援機関は、その社会的な意義において、有益な存在となっていると断言できます。

「払った額の仕事をしていない」と言われることについては、ごもっともだとは思いますが、登録支援機関を運営していくうえでは、外国人のスタッフを雇用するなど、まずインフラ面で費用がかかります。

　だからといって、コストを下げるために特定技能者をサポートする外国人スタッフを雇用せず、外国人のサポートや支援が全くできない登録支援機関がまかり通ってしまうと、外国人との共生を叶えるために構築されたこの制度や仕組み自体が壊れてしまうことになります。そうなると、後々、日本社会における移民問題として大きな代償を払わなければならなくなります。

　今後、外国人は増加の一途をたどります。そのときに、ちゃんと知識を持った組織がそこで対応できることは、日本の社会保障の観点から見ても必要であると考えます。

6 特定技能、技能実習における費用の相場

　技能実習制度および特定技能制度の在り方に関する有識者会議で発表された数字について、ご紹介します。

　令和4年度の外国人技能実習機構による「監理団体が実習実施者から徴収する監理費などの費用に係るアンケート調査」において、技能実習の初期費用の平均は**34万1402円**となっています。そこに含まれている費用としては、職業紹介費、講習費、その他経費となっていて、その中には渡航費は含まれていません。

　そして、管理費用は1号が**3万551円**、2号が**2万9096円**、3号が**2万3971円**となっています。

　令和4年9月に集計したものとして、特定技能の支援委託費の平均は**2万8386円**となっています。金額帯として最も多いのが**2万円〜2万5000円**で、割合としては26.2％。次に多いのが、1万5000円〜2万円以下の25.3％となっています。

　現場で対応していての実感値としては、技能実習生の管理費は特定技能よりも1万〜1万5000円程度高いくらいだと思います。

　その費用の差の理由としては、やらなければならない業務の多さがあります。また、技能実習に関しては別途、2号、3号になるための試験費用がかかってきます。

　特定技能者を1名紹介する場合の紹介料は、その日本語レベルにもよりますが、大体**30万円程度**が相場であろうと思います。あとは、海外から連れてくるときに、その紹介料に渡航費を含めるかどうかで異なってきます。その点は、企業との相談で対応していく形になります。

特定技能に関しては退職もありえるため、退職のペナルティに関しても設けておく必要があります。まず、外国人を受け入れる際には申請費用がかかってきます。行政書士に頼めば10万円程度が相場となりますが、もし辞退された場合、または申請が通らなかった場合にどうするのかは事前に決めておいたほうがいいでしょう。

　最近は、直前での本人からの辞退という状況も起こっています。その場合、受入れ先からは、そもそもこの時期から勤務してもらえることを想定して仕事量を組んでいた、人員配置をしていたといったクレームが当然のようにきますし、住宅の確保をすでにしているケースもあります。そうすると、「申請料はなしでいいです」というだけで収まらないケースもあります。

　また、退職した場合の事前取り決めも必須です。紹介業の場合の一般的な相場としては、1カ月以内の退職であれば手数料の75％の返金、3カ月以内の退職なら50％の返金、6カ月以内の退職なら25％の返金といった感じですが、それを特定技能の場合にはどう当てはめるのかを考えなければなりません。

　特定技能者の場合は、事前に申請料がかかっているため、1カ月以内の退職で紹介料をもらうのは基本的に厳しいと思います。海外からであれば渡航費もかかっているので、渡航費をどちらがもつのかという点も出てきます。

　国内からの受入れであれば、そこまでのトラブルにはなっていませんが、国外からだと、勤務までの期間が長く待たされる、渡航費などの別途の費用もかかる、そのうえ早期退職となると、やはり折り合いをつけることが非常に難しくなってきます。

　早期離職をいかに防ぐかについては、一番考えなければならない事項です。まずは、入国してからのフォローをしっかり行なうようにしましょう。

7 登録支援機関が収益を上げるには

　登録支援機関のビジネスモデルを、技能実習生の監理団体と同じビジネスモデルで考えている人が多くいるのですが、**全く違います**。

　まず、大きく違う点としては、技能実習であれば、1社取引先を見つけてくれば、そこで2期生、3期生を増やしていくという形で、1社で収益が積み上がっていく形となります。

　一方、登録支援機関の場合は、受入れ企業が登録支援機関を複数使っているケースが多いため、人手が足らなくなって特定技能者を入れることになっても、自社に依頼が来るとは限りません。

　また、技能実習の場合は、自社で対応する企業単独型で受け入れることは稀なケースですが、特定技能であれば自社支援はそこまで難しくはありません。実際に統計では、16%の企業が自社支援で対応しているというデータも出ています。

　そして、技能実習の監理団体よりも、登録支援機関のほうが簡単に変えることができます。そのため、どこかの登録支援機関が受入れ先の特定技能者をまとめて取り込んでしまうと、言い方は語弊があるかもしれませんが、売上をすべて横取りされてしまうことがあります。

　つまり、**1社依存型の運営をしていると、収益性が非常に不安定になる**ということです。そのため、常に受入れ先を確保していきながら、ニーズを掘り起こしていく施策を継続して行なっていく必要があります。

　登録支援機関を片手間でやるのではなく、ビジネスとしてやっていくうえで必須なのは、まずは**有料職業紹介事業の許可**です。

　オンラインコンサルティングをしていると、特定技能者の支援委託人数を目標に掲げている方が多いのですが、それよりは、**毎月の勤務者を何名確定させられるか**を目標としたほうが収益性は安定するというアドバイスをして

います。毎月の紹介料によって収益が確保されていき、そこに支援委託費が上積みされることによって、その分が利益となるという考え方をすれば、業績は安定します。そのため、登録支援機関にとって大事なことは、**常に特定技能者のビザの申請ができている状態**をつくれているかどうかということになります。

　一方、支援委託人数で目標を定めてしまうと、技能実習と違って特定技能者は退職があるので、売上が不安定になります。そして、これからは2号になっていく特定技能者も増えていきます。つまり、**自分の頑張りではない部分において収益が左右される状態になる**のが管理費なので、精神的にきつくなってしまいます。

　当社がまさにそうだったので打ち明けますが、特定技能者が50名くらいまでは、支援委託人数は順調に増えていきました。ところが、50名を超えたあたりで退職が入職と同じ程度になり、ダンピング競争で契約を打ち切られたり、他社ですべてまとめられたりして、そこから人数の増加が鈍化したということがあります。

　そこで、月の紹介人数を目標にして、月次で売上を見るようにしたところ、業績は安定しました。当社がそうだったから他もそうだと断定はできませんが、収益を確保する一例として考えてもらえればと思います。

　そして、月々の紹介料を目標数値としていれば、その結果に関しては、自分の頑張りでどうにかなるわけですから、結果が出ていなければ、それは自身の頑張りが足りなかったからだという納得感もあります。

外国人材を提案する場合の切り返しトーク術

 これまで外国人材を提案していくうえで、多くの場面に立ち会ってきました。本項では、そこで役立つ効果的な切り返しトークをご紹介します。

「なぜ、外国人を採用しなければいけないのか？」
 まず、日本人で十分な採用ができているのであれば、外国人をあえて受け入れることのメリットはあまりないと思います。
 ただ、現段階で、もう日本人を雇用するのは困難ということで、特定技能という制度ができて、5年間で82万人の外国人を受け入れています。その人数は各業界が、最低限この人数の外国人を受け入れなければ立ちいかなくなるという数字を積み上げたものなので、政府や業界が統計上で、外国人労働者の受入れが必要だと明示しています。

「外国人を雇用するのに、なぜ日本人よりもコストがかかるのか？」
 初期費用や登録支援機関の費用だけを見たときには、コストがかかると感じられるのは確かに理解できるのですが、そもそも日本人を雇用する場合にかかった求人広告、紹介、派遣費用などと比較してもらえればと思います。
 その費用を考えれば、外国人のほうがコストがかかるということはないと理解してもらえると思います。

「外国人だとサービスが落ちる」
 日本語ができないということで、そうした懸念があることは理解できます。ただ、日本語の理解は働く日数が増えれば、日々向上していきます。そうなったときには、外国人のほうが対応がいいという話もよく聞きます。
 ただ、やはりメモをとったりすることがうまくできないことがあるため、タブレットを設置するとか、IT化を同時に進めていけば、とにかく若い人

材が採用できる外国人は、戦力化が非常にしやすいです。

「監理団体、登録支援機関になぜ、お金を支払わなければならないのか？」

　外国からいきなり来た労働者を、全く外国人を受け入れたことのない事業者が受け入れたときに、そのサポートをどうすればいいかわからないということがあります。その間に立って対応をするのが監理団体、登録支援機関です。

　そして、外部の人間を入れて、働いている外国人の不安や不満などを吸い取る仕組みをつくることで、技能実習生の失踪や特定技能者の転職などの防止につなげていくことができます。

「外国人を雇用するメリットは人手不足の充足以外に何かあるのか？」

　外国人を雇用するうえでの最大のメリットは、これまで見られなかった景色が見えることです。実際に、海外進出など考えてなかったのに、海外へ目を向けるようになった、その国籍の外国人をターゲットにした新たな商品を考えたなど、これまで気づかなかった発見があることが、外国人を雇用する最大の面白みであると思います。

　ここでは多少、文章ということでカタい説明口調になっていますが、実際は、ご自身が話しやすいようにアレンジして、わかりやすく、簡潔に説明してもらえればと思います。

第9章　これからの外国人材ビジネスのヒント

9 外国人材はどうやって集めればいいのか？

　技能実習の場合は、協定を結んでいる送り出し機関で人材を手配してもらうという形になります。最近は、ベトナムにおいては建設業、農業、縫製業の集まりが悪く、建設業はインドネシア、ミャンマー、農業、縫製業はカンボジアなどに移行していきつつあります。

　ただ、製造業に関しては、まだまだベトナムで集めることができます。依頼があった業種はどこの国からだと集めやすいのかを考えながら、対応しましょう。

　特定技能に関しては、自社でどう集めていけるかがポイントになります。まず、最もいい集め方は、**自社スタッフに集めてもらう**ことです。

　有料職業紹介事業の許可を持ち、登録支援機関の事業をしているのであれば、やはり外国人スタッフは雇用しておく必要があります。そして、その人材に同国人に幅広く声をかけてもらう。そのためにも、開業当初から、どこの国をメインで対応していくのかを確定しておいたほうがいいのです。

　国内で他に人材を集める手段としては、紹介会社、登録支援機関とつながって、お互いに紹介し合える環境をつくることが大事です。同じ登録支援機関を競合他社という認識でいるのは間違いです。

　それぞれの登録支援機関で、得意な国や業種などは違ってきます。なるべく横のつながりを多くして、紹介できる、紹介してもらえる、フォローし合える環境をつくっておいたほうがいいでしょう。

　外国からの採用になれば、現地の送り出し機関、教育機関との連携が不可欠になってきます。その場合には、まずその国に足を運ぶことは必ず行なうようにしてください。現地で会って話をすることは大事ですし、何よりも、

10 特定技能2号になるための支援は必要か？

　登録支援機関として支援業務をしていくうえで、葛藤がある場面があります。それは、「**特定技能者が特定技能2号になりたいというので、その支援をしてくれないか？**」という相談を受けたときです。

　受入れ企業としては、これまでいろいろと支援してくれているのだから、そういった支援も当然してくれるだろうという認識のもとに依頼してきます。**しかし、特定技能2号は支援対象にはなりません。**

　登録支援機関としては、特定技能2号になれば、これまでいただいていた支援委託費がなくなるわけです。自社の売上がゼロになるというのに、その支援をするのか、という葛藤が生まれます。

　外国人が特定技能2号者になりたい理由として、「今、特定活動になっている奥さんや子どもを家族滞在にしたいから」という切羽詰まった状況であれば、その支援に対しして前向きにもなれますが、そうでない場合は、特定技能2号になることを登録支援機関がサポートすることは、自社にとって苦い話となります。

　まず受入れ企業からの依頼であるならば、特定技能者が特定技能2号者となった場合には、新たな特定技能者の受入れをしてもらえるのか。その確約ることが大事になります。

　いは、家族がいる場合、特に幼い子どもがいるケースになると、受入がサポートすることができるのか、ということも出てきます。

　う場合に、特定技能2号になってからでも、費用はある程度減額をの対応をさせてもらうなど、受入れ企業との交渉が必要になると思

　2号者1人だけであれば支援が必要だとは思いませんが、その家または家族を連れてきたいということになると、やはり受入れ企

そこでの出会い、やりとりが今後、営業していくうえで大きなモチベーションになります。

　日本に駐在員がいたり、日本事務所がある送り出し機関もあるので、そういう会社、駐在員とつながっておくことは、今後の人材供給においてプラスとなります。

　技術・人文知識・国際業務に関しては、人材紹介会社やSNSを使った募集の仕方もあります。しかし、技人国にしても、特定技能にしても、費用をかけずに一番人を集めやすい手段があります。それは、**リファラル採用**です。これは、管理している外国人やつながりのある外国人に紹介を頼み、知人を連れてきてもらう採用方法です。

　まずは身近な外国人に声をかけて集めてもらえそうか試してみて、そこから外部に頼むかどうかを考えていくのが、順序としては一番いいかと思います。そのためにも、外国人とのつながりを多くつくっておくことは非常に重要です。

業だけで対応するのは非常に困難です。その点を伝えていきながら、特定技能2号者となっても、受入れ企業、登録支援機関それぞれがプラスになる道を模索していくことが大事であると考えます。

そして、これは支援委託費がなくなること以上に、絶対に踏まえなければならないと私自身が思うのは、「特定技能2号者は実質的な移民である」ということです。

政府は、特定技能制度を移民の受入れではないといっています。それは、期間が限定されていること、そして、家族の帯同ができないというのが理由です。それなら、2号者になれば、その外国人は移民であると考えるのが当然ですし、それこそ家族まで連れてきているのに移民ではないというのは詭弁でしかありません。

外国人は家族を連れてきたいので、特定技能2号者になろうとします。それを理解して特定技能2号制度に取り組まなければ、大きな社会的リスクをはらむという認識は持っておいてもらいたいと思います。

私の場合、特定技能2号にしたいと言われれば、受入れ企業に対しては、登録するサイトを送るまでのことはします。特定技能者から2号になりたいと言われれば、そのテキストがどこにあるかまでは伝えます。ただ、それだけです。

基本的には、どうしても日本に残りたい、残らなければならない理由がある外国人だけが2号になるべきだと考えています。

11 誇りを持ってできる 外国人材の仕事

「人身売買業者」「奴隷商人」「売国奴」「ブローカー」「外国の手先」「日本から出て行け」

いずれも、私が何度か言われたことがある言葉です。面と向かって言われたこともありますし、私が運営するYouTube番組でもよくコメントが入ります。

営業をしていくうえでは、あまり露骨な表現をされることはないと思いますが、外国人材ビジネスをしていく中で白い目で見られることはありますし、日本人材ビジネスをしているより、明らかに格下のように扱われることはあります。

日本人の紹介事業をしていると「エージェント」と呼ばれ、外国人の紹介をしていると「ブローカー」と呼ばれる。そこにどういった違いがあるのかわかりませんが、そこに差別があることは明確にわかります。

ただ、私はこれまでこの仕事を信念を持ってやってきました。そして、その信念の根幹となっているのは、**この仕事は日本の国益となっている**という一点に尽きます。

まず、外国人労働者がいるから、私たちの生活は維持できています。農家で働く技能実習生がつくった作物が、食品工場で働く特定技能者が加工して製品となり、それを物流倉庫で働いている留学生が仕分けをして、ドライバーをしている永住者がその荷物を運び、スーパーで働いている家族滞在の外国人パートが販売している。そのサイクルのどこかが欠けても、私たちの生活は維持していくことが難しくなります。

「外国人が増えると社会保障費が増える」といいますが、それは全く逆です。第6章4項の脱退一時金の説明で、どれだけの社会保障費が、外国人1名入

国するだけで国に入るのかは理解してもらえたかと思います。年金制度改正に向けた社会保障審議会でも、外国人の増加を踏まえた制度設計が必要だという指摘が出ました。それは、外国人を新たに受け入れることで社会保障費を支払う現役世代を増やさなければ、日本の年金制度はもう維持できなくなっているということを物語っています。

「外国人を受け入れるよりも先に生産性を上げるべきだ」と主張する人もいます。しかし、人口が減少していけば消費が減り、国内市場は縮小します。マーケットが縮小すれば、企業は設備投資をためらい、生産性の向上は見込めない。つまり、人口が減少しているのに生産性を上げるというのは、ほとんどあり得ない理屈だということになります。

2040年には全国の4割が消滅可能都市になるとされています。国土の4割の都市が消滅しているかもしれない未来が、日本にとってはたしていい未来なのかと考えたときに、最低限の人口の維持は必要だと思います。外国人を受け入れることで、消滅していく都市を少しでも減らしていくことは、日本という国土を守る唯一の手段です。

そのために外国人を受け入れる。そして、受け入れていく中で、**軋轢や分断が起こらない社会を築くために、私たちの仕事がある**と考えれば、その仕事は誇りの持てる仕事であるといえるのではないでしょうか。

おわりに

　これまで数多くの外国人を受け入れ、そして対応してきました。外国人を雇用することは、多様性を理解することでもあり、あらゆる人が生きやすい社会を築く原動力にもなると考えています。

　日本はすでに衰退しているといわれて久しく、円安の影響もあって、日本は外国人から選ばれなくなるという論調も多く見られるようになりましたが、はたしてそうなのでしょうか。

　私は長年、外国人と多く接してきたので断言できますが、まず世界中で日本ほど気候的に、そして自然に恵まれている国はないと思っています。そして、これまでの祖先たちがつくり上げてきた安全性、社会全体を網羅したインフラ、コンビニエンスストアに代表される便利さ。

　人が住みやすい環境が揃っているという点では、日本はまだまだ外国人から選ばれる国であり続けます。

　ただ、それは現段階であればの話であって、これからもっと人口減少が進み、社会のインフラが維持できなくなると、日本の魅力は失われていきます。だからこそ、外国人労働者の適正な受入れは、日本にとって、喫緊の課題であるともいえます。

　その外国人労働者の受入れについて学べる書籍としては、まずはビザなどの在留資格に関しての専門書があります。外国人と一緒に働く中で必要なコミュニケーションや異文化理解の書籍もたくさん出版されています。

　ただ、外国人の受入れを検討している段階から、受け入れたあとの定着までをトータルに解説した書籍はあまり見当たりませんでした。それなら採用から定着・戦略化まで全体を見渡していきながら、外国人の受入れを実践できる書籍があれば、外国人を雇用する事業者、また外国人の雇用をビジネスとされている方にとっては心強い1冊になるのではないかと思い、書き上げたのが本書になります。

本書でも繰り返し述べている通り、日本人を雇用するのと、外国人を雇用するのとでは、採用を考えるタイミングから戦力化、定着化するまでの過程が全く違ってきます。そして、それを理解していないためにアンマッチが起こってしまうことは、お互いにとっての不幸になります。

　これから外国人受入れは、受け入れる事業者だけでなく、日本という国にとって最大の課題となり、最大の問題ともなりえます。その意味も含めて、現段階においてすでに日本で起こっている問題点も、最後に提起させていただきました。これからの日本は多国籍の人を受け入れていく新たな時代へと入っていきます。本書がそれに向けて、少しでも参考になれば幸いです。

　最後に、本書を完成させるにあたりまして、多くの方のご尽力をいただきました。本書を監修してくださったコスモリンク行政書士法人の西川清美先生、ありがとうございます。そして、これまでご依頼くださったクライアントの皆様、携わってきた外国人労働者の方々、いつも共に学び合っているコミュニティの仲間の方々、心より感謝いたします。
　また、同文舘出版担当編集の戸井田歩様、企画実現にご尽力いただいた吉田幸弘様にも、この場をお借りして御礼申し上げます。

　日本に働きに来る外国人を笑顔にしたい。そして、その外国人の力を借りることによって日本が再び輝ける未来を描くことのできる国になることを、心より願っています。

株式会社ジェイタウン代表取締役　横山 仁

著者略歴

横山仁（よこやま じん）
株式会社ジェイタウン 代表取締役

近畿大学卒業後、リクルートグループに入社。求人広告営業に携わる。2004年に広告代理店として株式会社ジェイタウンを設立。紹介事業、派遣事業の許認可を取り、人材ビジネス全般で事業を展開。外国人雇用に関しては、留学生の派遣からスタートして、技能実習、外国人正社員の紹介などを経て、特定技能制度の登録支援機関としての業務を開始。制度開始直後からスタートしたその知識と経験を活かし、2022年には外国人の雇用や活用に関する解説動画「横山ジンの外国人HRチャンネル」をYouTube、TikTokで配信を開始する。現在は、講演家、コンサルタントとしての活動も行なっている。著書に『偽りの大地』(文芸社)がある。

■ 株式会社ジェイタウン　https://jtown.co.jp/
■ YouTube「横山ジンの外国人HRチャンネル」　https://www.youtube.com/@hr1689

監修者略歴

西川清美（にしかわ きよみ）
コスモリンク行政書士法人 代表行政書士

名古屋大学電気電子工学科を卒業後、三菱電機の「シーケンサ」のデジタル回路開発設計に携わる。1999年、特許事務所に転職。トヨタ等の大企業の特許明細書を作成し、出願・権利化活動に従事。その後、企業の知財部で知財の草の根啓蒙活動等も行なう。2018年、行政書士資格を取得し、愛知県で中小企業の事業支援を開始。2022年、コスモリンク行政書士法人を設立。「中小企業の事業がうまく推進するためのトータル支援者」として、知財の指南をはじめ、ビジネスに必要な各種許認可申請、補助金申請、外国人雇用、特定技能の登録支援機関、法人設立、契約書作成業務等、業務範囲や活動の幅を拡大し続けている。

■ コスモリンク士業ネットワーク　https://cosmolink.jp/

採用・育成・定着から戦力化まで
実践！ うまくいく外国人雇用

2025年5月9日　初版発行
2025年6月30日　2刷発行

著　者 —— 横山　仁
監修者 —— 西川清美
発行者 —— 中島豊彦

発行所 —— 同文舘出版株式会社
東京都千代田区神田神保町1-41　〒101-0051
電話　営業 03 (3294) 1801　編集 03 (3294) 1802
振替 00100-8-42935
https://www.dobunkan.co.jp/

©J.Yokoyama　　ISBN978-4-495-54183-5
印刷／製本：萩原印刷　　Printed in Japan 2025

JCOPY　<出版者著作権管理機構 委託出版物>
本書の無断複製は著作権法上での例外を除き禁じられています。複製される場合は、そのつど事前に、出版者著作権管理機構(電話 03-5244-5088、FAX 03-5244-5089、e-mail: info@jcopy.or.jp)の許諾を得てください。